비욘드 코로나,
뉴비즈니스 생존 전략

BEYOND
COVID

하라다 요헤이 • 고이와이 요시오 지음 | 김승훈 옮김

비욘드 코로나
뉴비즈니스
생존 전략

글로벌 트렌드가 알려 주는 코로나 혁신 비즈니스 전략!

Discover

동아엠앤비

프롤로그

코로나19로 드러난 '바뀌지 않는' 일본

2020년은 전 인류가 '공통의 적'과 맞서 싸운 해로 역사에 새겨졌다. 그 적은 다름 아닌 신종 코로나바이러스 COVID-19(이하 코로나19)이다. 코로나19와 함께 살아야 하는 시대를 맞아 생활, 비즈니스, 사회 등 모든 분야에서 환경이나 상황이 격변했다. 이전과 전혀 다른 세상이 펼쳐졌지만, 세계는 코로나19라는 적에 억눌려 침묵만 하고 있지 않았다. 기업, 사회, 국가는 코로나 고통 속에 주저앉지 않고 코로나19를 극복하려 노력했고, 결과적으로 더 나은 기업, 사회, 국가를 만들어 냈다고 해도 과언이 아닐 것이다.

하지만 일본은 어떨까? 급변한 환경이나 상황을 맞아 큰 의식 개혁이나 행동 변화가 일어났다고 할 수 있을까? 근본적으로 "바뀐 게 하나도 없다."는 것이 필자인 고이와이 요시오(小祝譽士夫)와 하라다 요헤이(原田曜平)의 견해다.

코로나19로 급속히 확산했던 재택근무는 제대로 정착되지 못하고, 급제동이 걸려 후퇴할 조짐마저 농후하다. 2020년 첫 긴급사태 선언 때는 정부 요청으로 재택근무를 전면 도입한 기업들이 급증했다. 그러나 해제 후에는 원상태로 되돌아갔다. 일부 대기업이나 선진 기업을 제외하고는 대부분의 회사에서 이전과 같은 출퇴근이 일상이 됐다. 2021년에 두 번째, 세 번째 긴급사태 선언이 발효되었고 정부나 지방자치단체는 '출근 70% 감소'를 호소했지만 통근 혼잡은 별반 달라지지 않았다. 문제는 사회가 사무실 근무를 강요하는 것이 아니라 직장인들 스스로가 회사에 출근해서 일하는 편이 더 낫다고 여긴다는 점이다. 온라인 회의, 온라인 영업보다 오프라인에서 얼굴을 보며 이야기하는 편이 더 효율적이라고 생각한다.

2020년 7월 노무라(野村)종합연구소가 아시아, 유럽, 미국의 주요 8개국 생활자들을 대상으로 재택근무 이용 실태에 대해 설문조사를 한 결과, 일본은 코로나19 이전부터 재택근무를 한 사람이 전체의 9%였으나, 코로나19 이후 재택근무를 시작한 사람(22%)까지 합하면 31%다.

다른 나라 상황은 다르다. 중국 75%(전 35%, 후 40%), 미국 61%(전 32%, 후 29%) 등 일본보다 약 2배 또는 그 이상인 나라가 대부분이다. 조사에 따르면 일본의 재택근무 비율은 20%이고, 전면적으로 재택근무를 하고 있는 사람은 5%에 지나지 않는다는 데이터도 있다. 정성적으로도 정량적으로도 일본은 재택근무 후진국이다.

필자는 일본에서 재택근무 도입이 늦어지고 있는 현 상황을 새삼 강조하려는 것이 아니다. 문제는 일본인은 세계에서도 보기 드문 '바뀌는 것이 힘든 민족'이라는 점이다. 재택근무는 근무방식 개혁 측면에서 이전부터 도입 필요성이 제기돼 왔다. 미국, 유럽, 중국에서는 재택근무를 합리적이라고 판단해 이용률이 높았다. 재택근무로 물리적인 이동이 없어지면 생산성이 높아지기 때문이다.

하지만 생산성에 대한 의식이 낮은 일본에서는 구호에 그치고 지지부진했다. 코로나19를 계기로 도입이 빨라지는 듯했지만 '대면이 아니면 일을 할 수 없다', '부하를 직접 눈으로 보며 감독하고 싶다' 등의 이유로 많은 직장인들이 회사로 출근하면서 코로나19 이전의 통근 러시아워가 부활했다.

재택근무만이 아니다. '바뀌지 않는' 일본은 사회 곳곳에서 두드러지게 나타나고 있다. 일상생활에서도, 비즈니스에서도, 정치에서도, 변화는 미미하고 표층적이다. 코로나19가 맹위를 떨치는 상황을 그저 지켜만 보며 언제 끝날지도 모를 재앙이 하루빨리 지나가기만을 묵묵히 기다린다. 유감스럽게도 이것이 일본인의 기질인 것 같다.

'애프터 코로나', '뉴노멀' 같은 키워드가 세상을 뒤흔들고 있지만 새로운 세계에 대응하는 비즈니스나 생활을 진지하게 고민하고 준비하려는 사람은 얼마 되지 않는다. 사업가나 음식점 경영자들은 코로나 사태가 어서 끝나길 손 놓고 기도하고 있을 뿐이다. 다음 시대를 예의주시하며 행동하려는 사람은 유감스럽게도 소수일 뿐이다.

정체된 국내에서는 묘수가 보이지 않는다. 해외에서 돌파구를 찾을 수밖에 없다면 세계 선진사례를 적극적으로 수집하고 개선책을 찾아야 하는데, 그런 움직임조차도 거의 보이지 않는다. 실로 비관적이다. 애프터 코로나를 제대로 파악하려는 움직임은 더디고, 대다수 일본인은 그저 코로나 이전으로 돌아가기만을 바랄 뿐이다. 시간을 과거로 되돌릴 수 없는데도 그렇게 되기만을 바라는 마음으로 꾹 참으며 살고 있다.

아이디어로 가득 찬 비즈니스가 세계 곳곳에서 생겨나고 있다

반면 세계는 어떻게 움직였을까. 고이와이가 대표이사를 맡고 있는 해외 리서치·마케팅·PR 업무 전문회사 TNC는 해외 70개국 100개 지역의 장기 체류 일본인 여성 600명을 리서처로 섭외해, 현지 라이프스타일이나 트렌드를 리포트하는 서비스인 '라이프스타일·리서처(Life Style·Researcher)'를 운영하고 있다. TNC의 이런 해외 네트워크를 활용해 2020년 3월부터 12월까지 10개월 동안 15개국에서 약 200개 이상의 사례를 조사한 결과, 흥미로운 점이 발견됐다. 일본 이상으로 감염 상황이 심각해 '록다운(Lockdown, 봉쇄)'까지 단행된 도시가 적지 않은 상황 속에서도, 코로나19에 대응하면서 애프터 코로나까지 내다본 아이디어 넘치는 비즈니스나 생활 스타일, 새로운 시도가 세계 각국에서 속속 생겨나고 있었다.

필자는 이러한 코로나19 비상사태 중 특히 덴마크, 중국, 태국 3개국에서 새로운 비즈니스나 사회변혁 움직임이 두드러지게 나타났다는 점에 주목했다. 북유럽은 코로나 이전부터 재택근무 등 근무방식 혁신을 적극 추진했다. 남녀평등 순위에서도, 지속가능발전목표(Sustainable Development Goals·SDGs) 달성도 순위에서도 매년 상위를 독점하고 있다. 그 중에서도 덴마크는 시대를 선도하는 여러 새로운 정책에 계속 도전하고 있는 나라 가운데 하나다. 이번 코로나 사태 속에서도 새로운 것에 도전하는 국민성에 힘입어 새로운 시스템이나 비즈니스가 많이 등장했다.

디지털 선진국을 꿈꾸는 중국은 새로운 기술을 도입한 시책을 국가 주도하에 실시하거나, 민간이 놀랄만한 속도로 전개하면서 거대한 자국 시장에 빠르게 확산시키는 특성이 있다. 코로나 팬데믹 속에서도 실험적인 시도를 포함해 새로운 것에 잇달아 도전, 뉴노멀 비즈니스나 생활 스타일을 만들어냈다.

태국은 불교 국가다. 국민들이 불교 정신을 숭상해 '덕을 쌓는다'는 의식이 강하다. 코로나 사태 속에서 가난한 사람들에게 식량 등을 나눠 주거나 힘들 때 서로 돕는 생활이 빠르게 확산했다. 그런 상부상조 정신은 옛날 좋은 시절의 일본을 보는 것 같다. 덴마크에서도 이웃과의 연대를 소중히 여기는, 인간미 넘치는 활동이 두드러졌다. 일본에서는 이 같은 사회적 선행이 사회 전체적인 운동으로 확산했다고 말하기는 어렵다. 일부에서 서로 돕는 모습을 볼 수 있었지만 산발적으로 끝났기 때문이다.

코로나로 사회가 바뀌었다. 세계 각국은 저마다 변화에 적응하려 하고 있다. 하지만 일본은 변화를 거부하고, 코로나19라는 폭풍이 지나가기만을 넋 놓고 기다리고 있다.

일본은 위기를 '참으며' 지나가기만을 기다린다
세계는 '즐기면서' 위기를 기회로 바꾼다

그럼 왜 일본은 아무것도 하지 않는 것을 선택하는 걸까. 바뀌는 것을 좋다고 여기지 않는 '전례주의(前例主義)' 사고방식에 '인내'라는 두 글자가 가세해 행동을 속박하고 있기 때문이다. 인내는 정부나 지방자치단체장, 또는 뉴스 프로그램 캐스터가 입버릇처럼 이야기하는 말이다.

일본 국민들은 코로나 팬데믹 속에서 '지금은 일단 참아 주세요'라는 말을 지속적으로 들어왔다. 인내는 얼핏 보기에는 미덕처럼 여겨질 수 있다. 하지만 타개책을 찾거나 새로운 도전을 하려는 의욕을 떨어뜨리는 위험성도 내포하고 있다. 참으라는 말을 듣게 되면 전진이 아닌 정체를 택하게 되면서 아무것도 하지 않으며 하루하루를 보내게 될지도 모른다.

그러나 해외 나라들은 다르다. 제한된 생활이나 사회 속에서도 '뭔가 할 수 없을까?', '어떻게 하면 역경을 극복할 수 있을까?'라고 전향적으로 생각하고 새로운 아이디어가 떠오르면 바로 실행한다. 엄중한 상황 속에서도 결코 정체를 택하지 않는다. 전진, 변화를 선택한다. 고난 속에서도 즐거움을 찾아내려는 '엔조이' 정신이 강하기 때문이다. 일본에서 코로나 시기에 '즐기자'라고 하면 신중하지 못하다고 여길 게 뻔하다. 하지만 일본 이외의 나라에서는 '참는다'가 아니라 '즐긴다'는 것을 우선시한다. 그래서 독창적인 아이디어가 샘솟고 있다.

그렇게 샘솟은 아이디어 중에서 다음 시대의 비즈니스로 이어질 씨앗도 나온다. '위기는 기회'라고 하듯, 막다른 상황에 몰렸을 때 지혜를 짜내면 종래에는 생각지 못했던 혁신적인 비즈니스가 떠오를 수 있고, 그것이 다음 세대의 표준으로 발전할 수 있다.

거듭 말하지만 '인내'라는 두 글자로 기회의 싹을 잘라 버리는 것이 일본의 현 상황이자 일본인이 처한 현실이다. 세계는 코로나19를 기회로 바꿔 비즈니스도 생활도 개선하려 하고 있는데, 일본만 시곗바늘이 멈춰 있다. 그 결과 '위드 코로나'뿐 아니라 '애프터 코로나' 시대를 맞아서도 비즈니스도 사회도 국가도 주위 나라들보다 뒤처질지 모른다. 수년 후 정신을 차렸을 때는 이미 그 격차가 따라잡기 어려울 정도로 크게 벌어져 있다는 사실만을 깨닫게 될 뿐이다.

주변국보다 늦긴 했지만 때를 놓친 것은 아니다
'해외'와 '청년'이 돌파의 키워드

일본은 때를 놓친 것일까? 그렇지는 않다. 코로나 사태가 아직 수습되지 않았기 때문이다. 선두 그룹과 격차를 줄이며 따라붙어 추월할 수도 있다. 일본인들은 당장 '인내'를 그만두고, 코로나 시대를 맞아 세계에서는 무엇이 이뤄졌는지, 지금 무엇이 이뤄지고 있는지를 파악해야 한다. 수많은 해외 선행사례를 토대로 비즈니스나 생활, 사회 구조를 업그레이드할 방법을 찾아야 한다.

일본인은 무에서 유를 창조하는 행위에 익숙하지 않을 수도 있다. 하지만 해외 사례를 참고해서 정리하거나 더욱 정교한 형태로 다시 가공하는 것은 상당히 잘한다. 그 특성을 발휘하면 코로나 이후 뉴노멀에서 비즈니스 주도권을 잡을 수도 있다. 무작정 참아서는 이룰 수 있는 게 없다. 지금이야말로 우리가 우리의 한계를 극복하고, 기존 틀을 뛰어넘을 수 있는 마지막 기회라 하겠다.

그 마지막 기회를 잡을 수 있는 열쇠가 코로나 사태 속에서 세계의 선진 사례를 집대성한 이 책이다. 앞서 언급한 세계 각국의 라이프 스타일·리서처가 총력을 쏟아 모은 정보 가운데 향후 비즈니스에 유효하다고 판단되는 사례들을 엄선해 수록했다.

물론 단순한 소개에 그치지 않고 트렌드가 히트한 이유의 분석과 함께 '해외의 비즈니스를 어떻게 현지화할 수 있을까?'라는 질문에 대한 구체적인 접근법을 제안하는 데도 지면을 할애했다. '사례를 늘어놓았으니 나머지는 스스로 생각해 주세요.'라며 무책임한 모습을 보이는 단순한 사례집과는 차원이 다르다. 그 제안을 힌트로 내일부터 당장 비즈니스나 새로운 생활 스타일을 기획하고 실행할 수 있도록 구성했다.

하라다의 '청년층 연구' 시점이 일본의 비즈니스 적용에 상당히 도움이 될 수 있다. 하라다는 청년층 연구를 필생의 업으로 삼고 연구에 매진해 국내 제일인자가 됐다. '사토리 세대(편집자주: 높은 청년 실업률에 좌절해, 희망이나 의욕을 잃고 무기력해진 젊은층)', '마일드 양키(편집자주: 목표 의식이 없고 문화적 소양이 결여된 기존 불량배들의 특성을 그대로 갖고 있지만 공격적 성향은 떨어지는 젊은층)' 등의 신조어도 만들었다. 최근에는 'Z세대' 연구를 하는 등 오랫동안 청년층 연구 및 청년층을 대상으로 한 마케팅 활동에 주력해 왔다. 공저자인 고이와이와는 10여 년 전부터 해외의 밀레니엄 세대나 Z세대 연구를 공동으로 진행하고 있다. 둘이 함께 세계 각국을 돌며 현지 젊은이들의 집을 직접 찾아 조사하기도 했다. 각국 젊은이들의 최신 수요나 통찰을 추려내 여러 기업 마케팅 정책에 활용했다.

이렇게 쌓은 청년층 연구 시점이 왜 도움이 되는 걸까? 청년층이야말로 다른 연령층의 일본인이 갖고 있지 않은 '해외적인 사고방식이나 행동'을 할 수 있는 세대이기 때문이다. 그들은 '디

지털 네이티브'이고, 스마트폰과 SNS와 잠시도 떨어지지 않고 자란 세대다. 해외 정보를 적극적으로 찾아내 받아들이고 실천하는 유연성도 갖고 있다. 그런 특성이 코로나 팬데믹 상황에서도 발휘되고 있다.

이를테면 10~20대 청년층이 코로나 사태 속에서 스트레스가 쌓여 정신적으로 피폐해졌다는 보도를 자주 본다. 하지만 언론은 다른 측면을 간과하고 있다. 10~20대 청년층은 인내만을 미덕이라 여기지 않고 SNS를 통해 해외 정보를 접하고, 그것들을 실천하며, 코로나 속에서도 생활을 즐기는 데 적극 도전하고 있다. 즉, '참는 것'보다 '즐기는 것'을 우선하는 점에서 일본 이외 세계 각국 사람들의 엔조이 자세나 사고방식에 가까운 마인드를 갖고 있다.

행복을 잡는 열쇠는 '탈미국 일변도'
비관을 희망으로 바꿔, 기존 스타일을 넘어서라

젊은이들이 코로나 사태 속에서 무엇을 생각하고, 어떻게 지냈는지 분석하는 것은 앞으로 일본 시장에서 새로운 비즈니스를 고려할 때 상당히 유의미한 접근이 될 수 있다. 다시 말해 일본인이 어려워하는 '위기를 기회로 바꾸는' 사고 요령이나 힌트를 청년층에서 구할 수 있다는 것이다. 이렇게 해외 사례와 국내 청년층 사례를 한데 아우르면, 향후 일본에 적용할 수 있는 비즈니스 윤곽이 더욱 선명해진다. 해외 조사 및 마케팅 전문가인 고이와이와 청년층 트렌드 및 분석 권위자인 하라다가 손을 잡고 위드 코로나에서 애프터 코로나로 향하는 과정에서 태동한 사례를 분석하고 신규 비즈니스 아이디어를 제안하는 의미가 여기에 있다.

되돌아보면 일본은 무엇이든 미국의 선행 사례만을 줄곧 뒤쫓았고, 그것을 국내에 들여와 적용하는 '타임머신 비즈니스'를 통해 새로운 영역을 개척해 왔다. 그러나 그것이 과연 올바른 것일까. 그렇게 미국만 모방해 왔는데 도대체 왜 매년 발표되는 세계 행복도 순위에서 주요 선진국 중 최하위를 헤매는지 다시금 생각해 봤으면 한다. 세계에는 미국 외에도 유럽에도, 가까이는 아시아에도 참고할 만한 나라들이 많다. 2021년 행복도 순위 1위는 핀란드, 2위는 덴마크다. 미국 추종 일변도에서 벗어나면 새로운 미래가 열릴 수도 있다. 이 책에서는 이런 문제점을 제기하고 새로운 길을 제시하기 위해 세계 여러 나라의 다양한 사례를 담았다.

끝으로 이 책의 구성에 대해 간략하게 언급하고 싶다. 이 책은 사례 장르별로, 아래 7장으로 구성돼 있다.

- 물리적인 거리를 넘어 온라인에서 모든 것이 연결되는 사례를 제시한 '비욘드 디스턴스'
- 새로운 쇼핑 형태를 제시하는 '비욘드 쇼핑'
- 종래 오락 형태를 완전히 바꾸는 '비욘드 엔터테인먼트'
- 사치 개념이 근본부터 바뀌는 '비욘드 럭셔리'
- 데이터를 활용해 뉴노멀 시대를 개척하는 '비욘드 데이터'
- 기업 활동을 업그레이드하는 '비욘드 컴퍼니'
- 지역이나 고장을 다음 단계의 스테이지로 승화시키는 '비욘드 로컬'

각 장마다 각국의 선진적인 대처와 히트 요인을 분석하고, 일본에 어떻게 적용하면 좋을지 제안했다. 각 장르의 수식어로 붙인 '비욘드(Beyond)'에는 DISTANCE(거리), LUXURY(사치·호화) 같은 개념도, SHOPPING(쇼핑), ENTERTAINMENT(오락), DATA(정보), COMPANY(기업), LOCAL(지역) 등의 영역도, 기존 틀을 넘어 새로운 발상으로 생각하지 않으면 뒤처질 수밖

에 없다는 필자의 위기감과 생각이 담겨 있다. 비즈니스도 사회
도 코로나로 변화하면서 계속 새롭게 거듭나고 있기 때문이다.

　이 책을 접한 독자들은 자신의 비즈니스나 생활과 관련이 있
는 장르부터 읽어도 좋다. 흥미 있는 사례만 읽어도 된다. 필자

는 여기 나열한 사례와 제안이 계기가 돼 미래의 희망으로 이어지는 비즈니스나 대처방안이 꼬리에 꼬리를 물며 생겨나길 바랄 뿐이다.

3부
새로운 오락의 형태

4부
사치의 개념이 바뀐다

5부
시대를 개척하는 데이터 활용

6부

기업 활동을 업그레이드

7부

지역 발전의 기회

Beyond · DISTANCE

1부

거리를 초월하다

코로나19로 크게 바뀐 것이라면 감염 확대 방지를 위해
이동이 제한된 점을 들 수 있겠다.
그와 함께 전 세계 모든 사람 · 사물 · 서비스를 온라인으로
연결하는 시도가 동시다발적으로 시작됐다.
이제 물리적인 이동은 필요 없다.
사람들은 거리를 초월해 모든 것을 자신의 방 '화면'에서
해결할 수 있는 기술을 터득했다.

TOPIC 01
VR 온라인 회의

BEFORE 회의실에 모여 서로 대화

AFTER VR 온라인 회의로 진화

현상 VR화하는 오피스 워크

코로나19의 영향으로 전 세계적으로 외출 금지나 자제 조치
가 취해지면서 '줌' 등의 웹 회의 시스템을 활용한 온라인 회의
나 강의, 세미나가 급증했다. '팀즈'나 '슬랙' 같은 비즈니스 채팅
도구도 보급되면서 국내외에서 동시다발적으로 업무의 온라인
화가 급속하게 진행됐다.

그리고 지금 이 다음 단계로 오피스 워크의 'VR화' 도입이 검토되고 있다. VR 헤드셋을 착용하고 가상공간에 재현된 오피스 환경에서 실제 서로 대화하는 듯한 느낌을 갖게 하는 서비스가 속속 등장하고 있다. VR의 이점은 같은 공간에 있다는 느낌이 강해지고, 몸짓이나 손짓 등으로 참가자의 감정이나 의도를 전달할 수 있다는 점이다.

예를 들어 '미팅 VR(Meetin VR)'이란 플랫폼은 VR 헤드셋을 착용하고 가상의 오피스에 출근해 자신을 닮은 디지털 아바타를 통해 동료와 협의, 브레인스토밍, 마인드맵핑, 프레젠테이션 등의 공동 작업을 할 수 있다. 3D펜으로 공간에 문자를 쓰거나 쪽지를 붙이는 것도 가능하다.

VR 아바타의 외모가 너무 간소화돼 현실감이 떨어진다는 것이 풀어야 할 과제인데, 메타(구, 페이스북)는 거울을 통해 자신의 모습을 보는 듯한 아바타를 개발하고 있다. 외모, 움직임, 말투가 자신과 쏙 빼닮아 더욱 현실감 있게 대화할 수 있다.

메타는 VR 헤드셋을 쓰고 가상 디스플레이와 키보드로 사무실 책상에서 일하는 것처럼 근무할 수 있는 가상 사무실 솔루션 '인피니트 오피스' 개발에도 주력하고 있다. 일본 NTT데이터도 사원들이 자신들 얼굴 사진을 합성한 아바타로 가상공간을 자유롭게 돌아다니며 오피스 워크를 할 수 있는 VR 시스템을 개발하고 있다.

**코로나 사태 이후에도 되돌릴 수 없는
효율성 중심 지향**

　온라인 회의는 물리적인 이동이나 모임이 필요 없어 시간을
효율적으로 사용할 수 있다. VR화로 가상세계 환경이 현실과
똑같아지면 코로나 사태 수습 이후에도 회의는 온라인 중심이
된다. 고가의 VR 헤드셋 비용이 걸림돌이 되고 있지만 헤드셋
저가화가 진행되고 있는 점도 순풍으로 작용한다. 기능이 향상
된 헤드셋 '오큘러스 퀘스트2'는 4만 엔을 밑도는 가격대까지 떨
어졌다. 엔터테인먼트 분야에서 주로 사용되었던 VR 헤드셋이
비즈니스 일상에까지 활용되는 토대가 갖춰지고 있다.

위기는 기회다!

　시부야 등지의 게임 시설에서 가상 아이돌과 악수를 경험
할 수 있는 팬 미팅이 열리는 등 엔터테인먼트 업계에 먼저 도

입되었던 VR 기술이 앞으로는 비즈니스 분야에도 활용될 전망이다. 현재 오피스 업무에도 온라인 기술이 많이 적용되어 있지만 VR화를 통해 한층 진화한 '네오 오피스 워크'가 실현되는 것이다.

화상 회의 플랫폼 '줌'은 화면으로 서로 얼굴을 보고 대화해야 하기에 긴장감을 느끼는 이용자가 적지 않다. 여성은 집에 있더라도 일부러 화장을 해야 하는 번거로움마저 있다. 이러한 '줌 기피증' 때문에 음성만 주고받는 SNS '클럽하우스'가 한때 인기를 끌기도 했다. VR로 아바타 회의가 구현되면 비대면이라 편안하게 말하거나 행동할 수 있고, 온라인 업무도 널리 보급될 수 있다. 앞으로 지방 이주가 늘어난다면 반드시 필요한 수단이 될 것이다.

또한 온라인이나 VR에서 일을 하는 것이 일상이 되면 중요한 면담이나 교섭, 상담(商談) 같은 일부 특수한 일을 처리할 때만 대면 회의를 하게 된다. 이 같은 커뮤니케이션 방식이 사업의 상식이 될 것이기 때문에 앞으로 이러한 네오 오피스 워크를 지원하는 서비스가 유망해질 것이다.

"

TOPIC 02
새로운 온라인 미팅 서비스

BEFORE 맞선 파티에서 상대를 찾음

AFTER 새로운 만남은 온라인에서

현상 외출이 줄어도 만남은 늘어난다?

코로나 사태 속에서 외출 자제로 인해 오프라인에서 새로운 사람을 만날 기회가 크게 줄어들면서 새로운 형태의 만남이 인기를 끌고 있다. 온라인을 통한 만남이다. 특히 유럽과 미국의 서비스는 한발 앞서가고 있다.

대표적인 예로 미국의 대학생 한정 매칭 서비스인 'OK주머

(Zoomer)'가 있다. 미국 대학에 재학 중이고 대학 계정의 메일 주소를 갖고 있으면 누구나 참가할 수 있는 이 서비스를 통해 데이트 상대를 만난 이용자는 84%에 달하고, 친구를 사귄 이용 자는 47%, 자신의 네트워크를 넓힌 이용자는 10%라는 실적도 나와 있다.

영국의 데이트 앱 '힌지(Hinge)'는 '집에서 데이트(Date from home)'라는 캐치프레이즈를 전면에 내세운다. 앱 등록자의 프로 필을 보고 호기심이 가는 사람에게 메시지를 보내 서로 동의하 면 페이스타임이나 줌, 스카이프, 구글 밋 등의 화상 통화로 '동 영상 데이트'를 즐길 수 있다.

독신자용인 '쿼런틴 챗(Quarantine Chat, 검역·격리 채팅)'은 문 득 다른 사람과 이야기하고 싶을 때 전 세계의 누군가와 랜덤으 로 연결해 주는 서비스다. 웹사이트에 자신의 전화번호 등록 후 보이스 채팅 전용 앱 '다이얼업(Dialup)'을 스마트폰에 다운받으 면 랜덤으로 대화 상대를 찾아주고, 음성통화로 누군가와 연결 된다. 통화는 앱을 통한 인터넷 전화로 하기 때문에 무료로 할 수 있다.

분석 '안심감'과 '안전성'이 포인트

OK주머는 대학생에게 한정된 점이 독특하다. 필터가 걸려 있어 이용자도 안심하고 참가할 수 있다. 힌지는 프로필이 공개되고 서로 동의를 해야 하는 점 등에서 어느 정도 안전성이 담보된 온라인 데이트 앱이라 하겠다. 다이얼업은 화면으로 대면하는 화상 회의에 지친 사람들에게 인기를 얻고 있다. 음성만 송출돼 자신의 모습이 드러날 걱정이 없기 때문이다. 이렇듯 온라인 만남은 어느 정도 안심감이나 안전성이 확보된 서비스를 중심으로 성장했다.

위기는 기회다!

일본에서도 '페어스(Pairs)'나 '태플(tapple)' 등의 데이트·결혼 앱에서 화상 채팅을 통한 온라인 데이트의 인기가 가속화하고 있다. 결혼 정보 서비스 업체 IBJ는 줌을 통한 온라인 맞선을 2020년 3월부터 시작했다. 프로필을 등록한 회원에게 온라인 맞선 여부를 묻는 항목을 설정, 쌍방이 합의하면 맞선이 진행된다. 집에서 편하게 서로 이야기에 집중할 수 있어 다음 단계인 교제로 진전될 확률이 50%로, 오프라인 만남보다 20%

만남 어플리케이션 페어스 로고

높다고 한다. 온라인 데이트나 온라인 맞선은 청년층을 중심으로 하나의 선택지로 당연시되고 있다.

앞으로 OK주머처럼 대학생에 한정하거나 음성 전용인 다이얼업같이 특화된 온라인 데이트 서비스가 비즈니스로 유망하다. 학생 한정 외에도 의사 한정, 스포츠 선수 한정, 아티스트 한정, 성적소수자 한정 등 방식은 다양하다.

미국에서는 온라인 데이트 예절이나 조언, 모티베이션 유지를 동영상 또는 전화로 알려주는 데이트 코치 서비스도 인기를 끌고 있다. 온라인에 특화된 데이트 코치 서비스는 일본에서도 비즈니스가 될 수 있다.

일본 청년층 사이에서도 만남에 '안심감'을 요구하는 경향이 강해지고 있다. 일례로 음성 SNS인 클럽하우스는 자신의 모습을 화면상에 보여줄 필요가 없는 안심감 때문에 흥행에 성공한 것이다. 친구나 연인끼리 자신의 빈 시간 정보를 공유할 수 있는 달력 앱 'FRIDAY'는 한정된 사람하고만 일정을 공유할 수 있고, 친구나 연인이라 하더라도 알려지고 싶지 않은 일정은 비공개 설정이 가능하다는 점 등 안심하고 사용할 수 있어 인기로 이어졌다. 한 잔 하러 가고 싶을 때, 맞팔로우되어 있는 트위터 친구들에게 연락해 매칭할 수 있는 앱 '노미니코' 역시 안심할 수 있는 사람에게만 효율적으로 권할 수 있어 큰 인기를 얻었다. 온라인 만남의 다양한 서비스도 안심감을 확보해야 청년층을 중심으로 큰 지지를 받을 수 있다.

TOPIC 03
가상의 관혼상제

BEFORE 장례식장에 직접 참석

AFTER 로그인해서 고인을 기리다

 예배도 온라인화, 전통에도 변화

유럽과 미국은 국민의 약 75%가 기독교 신자로 매주 일요일
에는 온 가족이 교회에 간다. 하지만 코로나 사태로 현장 예배
를 하지 못하게 되자 예배나 세례식을 온라인 전송으로 대체하
는 사례가 속출했다. 2020년 4월 부활절 때에는 교회에 모여 집
단 예배를 하는 대신 유튜브에 동영상을 올려 집에서 각자 예배

하도록 했다. 이슬람교가 국민의 약 90%를 차지하는 인도네시아에서도 10%가 채 되지 않는 기독교도의 일요 예배를 위해 온라인 스트리밍 전송이 활용됐다.

결혼식이나 장례식 등의 행사도 잇따라 온라인화하고 있다. 미국에서는 장례식에 참가하지 못하는 가족에게 줌 전송이나 페이스북 라이브 스트리밍으로 생생하게 전송하는 서비스도 유행하고 있다.

스페인에서는 앱상에 가족이 고인의 특설 페이지를 만들어 친구나 친족에게 채팅 앱 '왓츠앱'이나 메일로 링크를 송신하는 무료 앱 '이터니파이(ETERNIFY)'가 주목받고 있다. 스마트폰으로 로그인하면 고인을 추도하는 메시지를 게재하고, 고인을 추억하는 사진도 올릴 수 있다. 화장 일시 등의 일정 공유도 할 수 있다. 앱에 메시지나 사진을 미리 모아 화장하는 날 온라인으로 접속한 사람들에게 소개하거나 서로 주고받으며 고인을 회고할 수도 있다. 이런 서비스는 모두 무료다.

분석 | 감염 확산이 심각한 나라에서 한층 촉진

해외는 일본보다 코로나19 감염 확산이 심각했다. 엄격한 외출 금지 조치 등이 취해져 한데 모여 예배나 장례를 할 수 없어 온라인화가 일본보다 촉진됐다. 여기에 평소라면 참가하기 힘든

멀리 떨어져 있는 사람, 고령자, 몸이 불편한 사람도 '가상 참석'
을 할 수 있다는 편리함까지 더해져 인기에 박차를 가했다.

위기는 기회다!

　일본에서는 일부 장례 업자가 오프라인에서 진행되는 장례
식의 추가 옵션으로 온라인 서비스를 제공하고 있다. 장례식에
참석하지 못하는 사람의 조문이나 헌화, 부의금을 대행하고 있
는데 이용 상황은 아직 지지부진하다. 세계 제일의 고령화 국
가인 일본에서는 고령자가 많이 참가하는 장례식이야말로 보
다 새로운 아이디어가 필요한 분야다.

　유효한 비즈니스 중 하나는 이터니파이 같은 오픈 플랫폼
전개다. 똑같은 앱을 일본에서도 서비스하면 오프라인에서 장
례식을 거행하고 싶지 않은 사람, 참가하고 싶어도 몸이 불편
한 고령자들의 수요를 촉진할 가능성은 충분히 있다. 모아놓은
사진을 앨범으로 만드는 유료 서비스 등을 제공하는 것도 하나
의 방법이다.

TOPIC 04
참가 선택형 온라인 회식

BEFORE 동료와 술집에 모인다

AFTER 참가하고 싶은 회식을 골라 터치

현상 앱을 이용한 온라인 회식

일을 마치고 귀갓길에 단골 술집에 들러 맥주를 마시며 흥에
취하는 것이 일상이었던 런던의 젊은이들 사이에서 폭발적으로
인기를 얻은 것이 온라인 회식 앱 '하우스 파티'이다. 페이스북
과 연계되어 있는 것이 큰 특징으로, 친구끼리 모인 회식에 회식
참석자와 연결된 친구도 참여할 수 있다. URL을 따로 보낼 필

요도 없다. 앱상에서 발견한 회식을 터치만 하면 간단히 참가할 수 있다. 원래는 최대 8명과 라이브 화면을 통해 대화할 수 있는 비디오 채팅 앱이었는데, 친구와 편하게 이야기할 수 있는 사적 용도로 특화된 기능 덕분에 가정용 회식 앱으로 새롭게 수요가 창출된 것이다.

2016년에 서비스를 개시한 이래 10대를 중심으로 한때 화제를 모았지만 그 후 이용이 격감해 포트나이트로 유명한 에픽게임스에 2019년 인수되기도 했다. 그러나 코로나 사태 속에서 되살아나 2020년 3월 말에는 다운로드 200만 회를 달성하는 등 이용자가 급증했고 영국 iOS 스토어에서 1위를 기록할 정도로 인기를 끌었다.

분석 다른 참석자들을 확인하고 손쉽게 참가 가능

줌처럼 URL을 보낼 필요도 없고, 지금 진행 중인 회식을 체크해 간편하게 참가할 수 있다. 주최자가 누구인지, 어떤 사람이 있는지도 다 표시되므로 친한 사람의 참석 여부나 마음이 내키는 회식인지를 확인하고 참여할 수 있는 점도 인기의 요인이다. 차례차례 화면을 넘기며 다른 회식에 참가할 수도 있다. 무료로 등록할 수 있고 시간 제한도 없다. 이러한 특징 덕분에 미국과 영국에서는 줌 회식보다도 인기가 높다.

위기는 기회다!

일본에서는 줌 회식이 주류이다. 하지만 줌은 회의나 강의 등을 염두에 두고 기능이나 유저 인터페이스가 정비되어 있어 편안한 느낌이 들지 않는다. 반면 사적인 화상 채팅으로 특화된 하우스 파티는 실로 온라인 회식에 최적이다. 카드 게임이나 노래방 기능 등 함께 즐길 수 있는 오락 툴도 많아 시간 가는 줄 모른다. 다만 영어로만 한정돼 있다는 점은 아쉽다. 이를테면 노래방 기능은 유럽과 미국 등 해외 곡으로만 이루어져 있다. 일본에서도 '타쿠노무' 같은 온라인 회식 서비스가 출시되

온라인 회식 서비스 '타쿠노무'

어 인기를 끌고 있지만 SNS 연계가 이루어져 있지 않고 오락 기능도 없다. 더욱 온라인 회식에 최적화된 앱이나 플랫폼의 등장이 기대된다.

이와는 별도로 요즘은 '초대 시스템'이 앱이나 서비스의 키워드가 되고 있다. 음성 SNS 클럽 하우스는 지인에게 초대받지 못하면 이용할 수 없다. 이용자가 반드시 누군가와 연결되어 있기에 안심감을 더해 주는 것이다. 온라인 회식 앱도 초대 시스템을 도입해 소개팅처럼 처음 만난 사람과 매칭되어도 안심하고 한 잔 할 수 있게 된다면 인기는 더욱 높아질 것이다.

TOPIC 05
디지털 교과서

BEFORE 교실에서 대면 수업

AFTER PC 모니터로 가상 수업

현상 진화하는 온라인 학습

코로나 사태 이전부터 디지털 교육, 온라인 교실 도입이 선행
된 중국에서는 유치원부터 초등학교 졸업까지의 학습 내용이
들어있는 앱 '나미허(納米盒)'의 인기가 더욱 높아졌다. '보호자
의 비서, 선생의 서포터, 아이의 파트너'를 콘셉트로 내건 이 앱
은 중국 전역 교과서의 95%에 대응하고 2,500가지 이상의 학습

콘텐츠를 제공한다. 영상, 음성, 동영상을 통해 예습 및 복습을 할 수 있고 낭독이나 영어 발음 체크 기능도 있다. 코로나19로 인한 휴교가 계속되면서 이용자가 한층 늘어 2021년 2월 1일 기준으로 누적 다운로드 수가 2억 9,000만을 돌파했다.

영국 런던에서는 록다운 중에 메시지 앱을 경유해 담임으로부터 학습 과제나 자작 동영상 등이 초등학생들에게 매주 전송됐다. 하지만 아이들은 매일 어울려 놀던 친구들과 만날 수 없어 스트레스가 쌓였고, 보호자는 가정에서 자녀 교육을 제대로 하고 있는지 불안감을 느꼈다. 그래서 보호자들은 왓츠앱을 통해 아이들이 친구와 편지나 사진을 주고받는 '디지털 교환 일기'를 자발적으로 시작했다. 또 줌이나 스카이프를 사용해 보호자가 교대로 진행하는 '그룹 낭독'도 실시했다.

영국의 공영 방송 BBC는 2021년 1월에 정부가 3번째 록다운을 발표하자 인터넷 환경이 갖춰져 있지 않은 학생들을 대상으로 학교 교육 과정에 근거한 본격적인 교육 방송을 내보냈다. 초등학생 대상으로는 평일 오전 9시부터 3시간, 중학생 대상으로는 2시간 이상 방송했다.

분석 아이와 부모의 거리가 가까워지는 효과도

나미허는 기본 무료에 교과 내용의 대부분을 수록하고 있고,

콘텐츠도 풍부한 덕분에 많은 사람이 이용했다. 이와 별도로 전자책 참고서 다운로드 판매나 1만 원 이내의 유료 수업 서비스도 같이 제공해 비즈니스 모델도 구축하였다. 아이뿐 아니라 부모들도 숙제를 봐주기 위해 이 서비스를 애용했다.

영국에서는 온라인상에서 연결되고 싶은 아이들의 마음을 보호자들이 연구해 실현시켜 주었다. 아이들 사이에서 연대감이 싹트고 가정 내 아이와 부모, 또는 아이 가족들의 교류도 깊어졌다고 한다. 아이를 위해 곤란을 함께 극복하려 하는 기운이 원동력이 됐다. 그리고 공공방송이 아동 수업을 보완하는 프로그램을 방송함으로써 사회 공헌에 대한 공감을 불러일으켰다.

위기는 기회다!

일본에서는 아동·학생 개개인에게 태블릿 PC를 지급하는 'GIGA(Global and Innovation Gateway for All) 스쿨 구상'이 앞당겨 추진됐다. 그러나 중요한 콘텐츠 공급이 부족하다. 앞으로 콘텐츠가 충실해진다고 해도 그것을 학생 개개인의 의문 해결이나 교육 지도에 활용할 교원에 대한 연수나 훈련도 필요하다. 디지털 디바이스 등 하드웨어 측면이 갖추어져도 교원의 지도력 차이로 교육 격차가 생기지 않도록 지원하는 것도 요구된다. 나미허처럼 90% 이상의 교과서를 온라인화하고, 영상 등을 당장 준비하는 것은 어렵겠지만 교과서를 만드는 일부 출판사가 디지털화나 동영상 제공에 힘쓰거나 교원의 온라인 수업 연수, 지원을 하는 식으로 비즈니스를 전개하는 것은 가능하다. 팬데믹 이후에도 인플루엔자 유행 등의 이유로 휴교가 됐을 때에 온라인 대체 학습이 이어질 수 있다. 영국의 사례처럼 아이끼리, 보호자끼리의 온라인 커뮤니케이션을 돌보는 서비스도 수요가 높아질 것이다.

온라인으로 학습이나 수업을 할 수 있는 환경이 정비되면 학교나 교사 역할도 단순 수업을 하는 '티칭'에서, 모르는 부분을 지도하거나 동기 부여를 하는 '코칭'으로 바뀔 가능성이 있기에 그런 미래를 내다보는 눈썰미도 중요해진다.

TOPIC 06
스마트 거울 체육관

BEFORE 체육관에서 트레이닝

AFTER 스마트 거울을 사용해 집에서 운동

현상 재택운동 서비스 주목

외출금지령으로 체육관에 갈 수 없게 된 사람들을 중심으로 통신 기능을 갖추고 영상이나 데이터가 표시되는 스마트 미러를 이용한 재택운동 서비스가 각광을 받기 시작했다. 미러(Mirror), 토널(Tonal), 템포(Tempo) 등이 주요 업체이다.

미러의 서비스를 이용하면 거울에 자신의 모습을 비추고, 거울 속 영상에 등장하는 강사의 지시와 움직임에 맞춰 15~60분 간 운동할 수 있다. 운동 중에는 손목에 찬 스마트 워치와 연동되어 화면에 표시되는 심박수 등도 확인이 가능하다. 본체 가격은 1,495달러이며 정기 구독 이용료는 월 42달러부터라고 한다. 한 대에 가족 6명까지 등록 가능하고, 스트리밍 전송되는 운동 동영상 수는 50가지 장르에 1만 종류 이상이 마련되어 있다. 인기 강사의 라이브 중계 수업도 있다.

분석 **건강 지향 의식 강한 미국에서 최초로 유행**

'피트니스 업계의 넷플릭스'라는 별명을 지닌 홈 트레이닝 자전거 업체 펠로톤(Peloton)의 폭발적인 인기가 기억에 새롭다. 건강을 중시하는 미국인 사이에서는 이렇게 집에서 트레이닝을 하는 서비스가 인기를 얻은 적이 있다. 코로나로 출근 전이나 퇴근

후, 또는 휴일에 체육관에 다녔던 사람들이 그 기회를 박탈당했는데, 오프라인과 마찬가지로 지도를 받고 거울에 비치는 자신의 움직임을 확인하면서 홈 피트니스를 할 수 있는 스마트 미러의 인기가 급상승했던 것이다.

위기는 기회다!

일본도 체육관이나 피트니스 업계는 코로나로 큰 타격을 입고, 향후 방향성 모색을 하고 있다. 제공하는 입장에서 스마트 미러는 장래 팬데믹에 대비할 뿐 아니라 홈 수요를 기대할 수 있는 새로운 상업 기회로 이어질 가능성이 높다. 컴퓨터나 스마트폰을 통해 온라인 피트니스 서비스를 받을 수밖에 없는 현 상황의 이용자들에게 더욱 다양한 비대면 운동 체험을 제공할 수 있다. 이미 IT 벤처 회사 GLC가 피트니스 전용 '스마트 미러 2045'의 판매를 시작하는 등 일본에서도 보급 조짐이 나타나고 있다. 아직 코로나 사태의 영향에서 벗어나지 못하고 있는 오프라인 체육관이나 피트니스 스튜디오 업계는 향후 스마트 미러 등을 활용한 홈 트레이닝과의 유기적 통합이 새로운 서비스 구축의 포인트가 될 것이다.

TOPIC 07
화면 속 여행

BEFORE 단체 관광 패키지 여행

AFTER 스마트폰으로 버추얼 관광지 탐방

현상 관광도 감상도 재택 버추얼

해외에서는 유명 박물관이나 관광 단체가 버추얼 여행 서비스를 잇달아 개시했다. 대영박물관, 사파리 공원 롱리트(Long-leat), 세계 유산인 고대 유적 스톤헨지 등은 '집콕' 생활을 하는 아이들의 지적 호기심을 높이고, 뜻깊은 시간을 선사하기 위해 퀄리티 높은 VR 체험을 제공하고 있다. 호주, 뉴질랜드, 미국, 인도, 아랍에미리트 등 다양한 국가에서 시청자가 참가한 롱리트의 첫 버추얼 투어는 3일 동안 총 55만 4,000명이 체험했다.

태국 관광청은 공식 홈페이지와 SNS 계정에서 태국 내 10개 지역과 방콕, 치앙마이, 수라타니, 푸껫의 4개 도시에 대해 스마트폰 앱을 통한 버추얼 투어를 서비스하고 있다. 세계 유산 수코타이 유적의 왓시춤에 보존되어 있는 15m 크기의 불상이나 동북 지방의 크메르 유적을 버추얼 도보 여행으로 즐길 수 있다. 이밖에 박물관이나 아름다운 해변 등의 관광 명소들도 스마트폰 화면을 터치하거나 컴퓨터에서 클릭을 하면 3D로 탐색할 수 있다. 자국민용인 태국어뿐만 아니라 영어나 일본어 버전도 존재한다.

분석 인기 높아지는 집콕 VR 체험

여러 나라가 외국인 입국을 금지하거나 제한했기 때문에 기존처럼 자유로운 해외여행은 불가능해졌다. 집콕 시간이 늘어난 가운데, 남녀노소 할 것 없이 세계 명소를 실물로 탐색할 수 있는 VR에 빠지면서 이용자 수가 증가했다. 특히 세계 굴지의 관광지인 태국의 버추얼 투어는 콘텐츠의 질과 양 모두 뛰어나 인기를 얻었다.

버추얼 투어에는 들어오는 것과 나가는 것의 양 측면이 존재

한다. 일반인이 가상 여행 체험을 위해 다른 나라를 방문하는 가상 출국이 있으면 반대로 해외 관광객이 일본의 명소를 온라인 체험하는 가상 입국도 있다. 가상 입국에서는 관광지를 순회하는 여행 체험뿐 아니라 초밥을 직접 만들어 보거나 식사, 일본 술 등을 종류별로 접해 보기 등 실제 체험을 포함한 복합적인 버추얼 프로그램이 진행되어 인기를 모으고 있다.

위기는 기회다!

국가나 각종 단체가 제공하는 버추얼 투어 외에도 해외에 거주하는 일본인이 컴퓨터나 스마트폰으로 줌 등에 접속해 자신이 사는 마을이나 명소를 안내하는 온라인 투어도 확산되고 있다. 몇만 원 가량의 요금을 받고 집과 현지를 라이브로 연결해 30분에서 1시간 정도 가이드를 해준다. 가이드는 코로나19 때문에 사람의 왕래가 적은 마을의 광경도 실제 그대로 화면을 통해 전달하여 현지의 상황을 생생하게 알 수 있는 귀중한 기회를 제공한다.

자신의 희망 사항이나 질문을 전하면 이에 가이드가 답하거나 해당 장소로 이동해 주는 이른바 '대리 여행'이지만 현지인만 알 수 있는 정보를 얻을 수 있고 가이드와의 문답도 즐길 수 있어서 쏠쏠한 인기를 얻고 있다.

실제 여행을 가기 전에 현지답사를 위한 '예비 조사' 측면도 있는 등 향후 비즈니스로 성장할 가능성이 있다. 여행사가 새로운 패키지로 개발하거나 현지의 프리랜서 가이드가 신청이 들어오면 즉시 라이브 방송으로 안내하는 버추얼 명소 관광 서비스도 나름 수요가 있을 듯하다.

본문에서 소개한 것처럼 버추얼과 실제의 융합 체험은 가상 입국 관광뿐 아니라 각 지역의 특산품 수출 촉진은 물론이고 해외 판로 개척이나 현지 수요 조사 등 글로벌 마케팅 기획으로 해외 진출을 도모하는 기업들에게 매력적인 사업 아이템이 될 수 있다.

하나 덧붙이자면 해외 유명 박물관이나 미술관의 버추얼 투어는 일본 젊은이들 사이에서도 크게 히트를 쳤지만, 국내 박물관·미술관의 대응은 이에 뒤처져 있는 것 같아 아쉽다. 설치 미술가 시오타 치하루(塩田千春)나 아트 디렉터 사토 가시와(佐

藤可士和) 같은 유명 작가의 전시회나 명품을 전람하는 '루이비통 &', 냄새를 감상하는 '니오이텐(냄새 전시회)' 등이 청년들 사이에서 최근 인기몰이를 하고 있는데 버추얼 투어를 매개체로 삼아 그 수요를 촉진할 기회를 놓쳐서는 안 된다.

"

2018년에 개최된 냄새 전시회 포스터

TOPIC 08
온라인 진료

현상 코로나 사태로 온라인 진료가 확대

　일본처럼 공적 장기요양보험 제도가 없는 미국은 고액의 의료비 부담 해결을 위해 온라인 진료 선진국이 되었다. 고열이나 기침 증상이 있는데 병원에 가야 할지, 집에서 상태를 지켜봐야 할지 판단이 어려운 경우 온라인으로 의사에게 진찰을 받은 뒤 결정할 수 있는 서비스가 이전부터 보급됐다. 원래는 비용을 내야 하지만 코로나 사태 동안 무료 체험 기간을 두거나 감염자가 많은 지역 한정으로 무료 서비스를 제공하는 곳도 늘고 있다. 인도네시아에서도 온라인 진료 이용자가 급격히 증가했다. 의사와의 상담뿐 아니라 병원 소개를 받거나 약도 구입할 수 있다. 일부 서비스 업체는 신종 코로나를 무료로 진단해 줬으며 이동통신사에서는 이와 관련해 회선 비용을 받지 않았다. 인도네시아에서 온라인 진료 플랫폼을 운영하는 회사 '알로독터르(Alodokter)'의 시가총액은 최근 급상승했는데 2020년 3월 기준 방문자 수가 6,100만 명에 달하며 실 사용자는 3,300만 명으로 코로나 사태 이전의 1.5배로 늘어났기 때문이다. 인도네시아 대통령도 온라인 의료 추진에 지지를 보냈으므로 보급이 더욱 확대될 것이라 예상된다.

분석 병원을 방문하기 전에 사전 검사

의료비가 비싼 미국에서는 병원에 바로 가기 전에 돈을 아끼기 위한 사전 온라인 진료 덕분에 적확한 진단을 받을 수 있어 감염 확대 방지에 큰 도움이 됐다. 예를 들어 고열 등의 증상이 있을 때 '케어클리(CareCli)' 서비스를 사전 예약으로 이용하면 온라인 진찰비용 65달러가 할인이 된다. 미국 전역이 대상이기 때문에 누구라도 이용할 수 있어 신청자가 급증했다.

위기는 기회다!

일본에서는 코로나19 때문에 재택 종합건강검진이 하나의 트렌드가 되었듯이 재택 진료 도입은 세대를 불문하고 가속화하고 있다. 현재 특례적으로 인정된 온라인 진료도 항구화 논의가 시작되고 있다. 이미 온라인 약국에서는 전화나 영상 통화로 복약지도에서 약 배달까지 이루어지고 있는 등 의료의 온라인화는 급속히 진전되는 단계에 와 있다.

온라인 진료 시스템을 개발하는 헬스테크 벤처기업들 사이의 플랫폼 패권 전쟁도 격심해질 전망이다. 향후 병원의 온라인 진료 도입 수요가 늘어날수록 플랫폼이나 컨설팅 비즈니스 기회도 확대될 것이다.

좀 더 미래를 보자면, 온라인 진료가 보급되어 굳이 내원을 하지 않더라도 의사와 환자가 쉽게 커뮤니케이션을 할 수 있는 환경이 구축될 경우, 온라인 진료가 미병(未病·한의학에서 말하는 병이 되진 않았지만 되고 있는 상태) 대책이 될 수도 있다. 즉, 병이 깊어지기 전에 짧은 상담을 통해 조언을 받거나 경과 관찰도 온라인으로 이어 나갈 수 있다. 예컨대 정기 구독 서비스에 가입해 언제든 상담할 수 있게 되면 이용자는 안심할 수 있고, 의사에게는 새로운 수입원이 될 수 있다.

한걸음 더 나아가 이러한 온라인 진료에 VR을 적용하여 입원한 고령 환자가 손자와 VR 공간에서 면회를 한다든지 하는 식의 상업적 아이템도 나올 수 있다.

미국에서는 코로나 사태를 거치며 환자 침대에 구글 네스트나 아마존 에코 등의 스마트 스피커를 설치하는 시도가 이루어지고 있다. 사회적 거리두기 개념을 일부 반영한 치료로, 의사와 환자가 원격으로 의사소통을 하고 환자의 몸 상태에 어떤 변화가 있으면 의사가 왕진하는 식이다. 병원뿐 아니라 간호 현장에서도 적용할 수 있어 스마트 스피커 도입과 지원 서비스 역시 비즈니스 기회가 될 수 있다.

새로운 쇼핑 체험

무인 배달부터 라이브 커머스, VR 가게 등 코로나 감염 확대 방지
차원에서 쇼핑 시장의 '비접촉·비대면' 요소 도입이 점점 가속됐다.
사람들은 매장에 직접 가지 않아도 물건을
구입할 수 있는 편리함에 익숙해졌다.
코로나 사태 이후에도 각 업계마다 비접촉·비대면 쇼핑에 대한
수요가 높아져 '쇼핑의 표준'을 재정립할 수밖에 없다.

TOPIC 01
비접촉 서비스

BEFORE 접대형 접객
AFTER 쇼핑도 음식도 비접촉

현상 비대면 쇼핑의 근미래

    미국에서 모바일 결제가 다시 각광을 받고 있다. 스마트폰에 전용 앱을 내려받은 뒤 매장에서 사고 싶은 상품을 태그하는 것으로 쇼핑이 이루어진다. 결제도 미리 등록한 신용카드로 바로 진행되기 때문에 그대로 상품을 봉투에 담아들고 가게 밖으로 나가면 된다. 점원과 접촉하지 않고 쇼핑할 수 있고, 시간도 단축되는 것이 이점이다. 아마존 고(Amazon Go)를 비롯해 세븐 일레븐, 메이시스(Macy's) 백화점, 월마트 계열의 샘스클럽(Sam's Club) 등이 잇따라 시스템 개발이나 도입에 나서고 있다.

미국 최대 슈퍼마켓 체인인 크로거(Kroger)는 뉴욕의 AI 개발 업체 케이퍼(Caper)와 제휴해 AI를 적용한 스마트 쇼핑 카트 '크로고(KroGo)'를 개발, 시범 운용에 들어갔다. 고객은 별도의 앱 필요 없이 상품을 태그한 다음 카트에 부착된 단말기에 신용카드로 직접 결제하면 된다.

영국의 쇼핑 앱 '우바마켓(Ubamarket)'은 더욱 편리한 기능을 갖추고 있다. 스마트폰에 앱을 설치해 쇼핑 리스트를 작성하면 리스트 속 상품의 점포 내 위치가 표시된다. 사고자 하는 상품을 찾아 고객이 가게 안을 이리저리 헤매지 않아도 된다. 상품의 바코드를 스캔해 장바구니에 모두 담은 후 앱을 통해 결제하면 된다. 이런 스마트 기술을 소매점 등에 적용하는 비즈니스가 추진되고 있다.

중국에서는 복수의 배송 업체가 2020년 3월 초부터 요리 전용 택배 박스를 도입했다. 당시의 비대면 서비스는 현관 로비나 문 밖 임시 보관소에 두는 게 주류였는데 실수로 다른 사람의 주문과 바뀌는 등의 문제가 발생하고는 했다. 하지만 이 전용 택배 박스는 고객이 주문할 때 받은 QR코드를 인식시켜야만 박스가 열리고 본인이 주문한 요리를 받을 수 있다. 박스는 보온 기능이 달려있고, 소독도 수시로 이루어진다. 3월 기준으로 상하이에만 1,000대 설치돼 있는데 점차적으로 전국에 널리 보급될 계획이다.

상하이에서 같은 시기 문을 연 붉은바다거북을 테마로 한 엔터테인먼트 레스토랑 '카레타 랜드, 치이시(Caretta Land, 栖蠵)'도 화제를 모았다. 점내를 바다 속이라는 설정으로 꾸며 바닥이 투명 유리로 되어 있는데 테이블의 태블릿으로 주문과 결제를 마치면 계란 모양의 캡슐을 품은 붉은바다거북 로봇이 플로어 아래를 이동해 온다. 테이블에 도착한 거북은 '산란'을 하고 그 알을 열면 안에 요리가 들어 있는 방식이다(아쉽게도 이 레스토랑은 2020년 12월에 문을 닫았다).

분석 키워드는 '안전성'

기존과는 완전히 달라졌다. 쇼핑도 음식점도 사람과의 접촉을 피하는 게 필수가 되었고 비대면 서비스가 인기를 끌고 있다. 원래 편리성이나 효율적 관점에서 도입이 검토되었던 비대면 관련 기술들이 이제는 감염 방지를 위한 '안전성'이라는 측면에서 주목받고 있다. 이를테면 앞서 언급한 슈퍼마켓의 사례는 코로나 여파로 같은 장소에 오랫동안 머무는 것을 꺼리게 된 상황에서 물건을 찾는 수고나 계산대에 줄을 서는 귀찮음도 덜고, 쇼핑 시간도 단축할 수 있기 때문에 유행하게 된 것이다.

위기는 기회다!

일본에서도 비대면이 키워드가 됐다. 태블릿 단말기와 바코드 리더기가 장착되어 있어 현금이 없어도 결제할 수 있는 '스마트 쇼핑 카드'를 도입한 슈퍼마켓이 나오기 시작했다. 카드 결제 리더기가 부착돼 있어 상품의 바코드를 스캔하며 쇼핑을 한 뒤 유인 계산대나 셀프 계산대를 이용하지 않고 결제할 수 있다.

앞으로는 요리하고 싶은 메뉴를 스마트폰 앱에 입력하기만 하면 요리 리스트가 뜨고 해당 상품이 어느 가게의 어디에 있는지, 가게 내 진열 장소도 함께 표시되는 등 보다 편리한 서비스도 도입될 것이다.

레스토랑에서도 서빙 등에 로봇을 사용하는 가게가 속속 등장하고 있다. 소매점이나 음식점이 안고 있는 과제는 인력 부족이기 때문에 비대면·비접촉에 노동 인력을 줄이면서도 생산성을 향상하는 이런 테크놀로지는 앞으로도 수요가 확대될 수밖에 없다.

중국 상하이의 보냉·보온 기능이 있는 음식 택배 박스는 비대면으로 받고 건넬 수 있고, 시간이 지나도 선도나 따뜻함이 유지되기 때문에 장래가 주목되는 비즈니스이다. 병원, 오피스 빌딩, 맨션 등의 사람의 왕래가 많은 로비에 설치하면 효과적이다. 특히 무미건조한 건물들이 빽빽하게 들어선 일본 도심에는 미려한 장식을 가미한 로커가 하나의 환경 디자인 요소로 활용될 수도 있다.

TOPIC 02
무인 배달

| BEFORE | 트럭 운전자에 의한 배송 |
| AFTER | 드론과 로봇이 물류의 주역 |

현상 ▶ 외출 금지로 택배 비즈니스가 신장

외출 금지가 이어지면서 예전처럼 일상용품을 사거나 처방약을 받기 위해 밖으로 나가는 것이 힘들어졌다. 특히 고령자들이 큰 불편을 겪고 있다. 그래서 미국에서는 구글의 모기업인 알파벳(Alphabet)이 운영하는 드론 배송 업체 '윙(Wing)'이 드론으로 약이나 일상용품을 배달하는 서비스를 시작했는데 이용 범위가 카페나 제과점까지 확대되어 주목을 받았다.

버지니아주의 빵집 '모킹버드 카페'에 따르면 팬데믹 당초, 드론 배송이 총 매상의 약 25%를 차지했다. 호주의 로건시에 있는 '익스트랙션 아티즌 커피' 역시 팬데믹 기간에 윙을 통해 커피를 배달해 매장을 유지할 수 있었다고 한다.

미국 서해안 실리콘밸리에 있는 마운틴뷰에서는 배달 로봇 스타트업인 스타십테크놀로지스의 배송 로봇이 활약했다. 전용 앱에서 주문·결제하면 시내 음식점의 요리나 슈퍼마켓의 상품 등을 지정한 자택이나 오피스로 자동 배달해 준다.

베이징에서는 보온 기능이 딸린 자율주행차량으로 만두 배달이 이루어졌다. 한 번에 최대 24인분까지 배달 가능한데 이용자는 차량이 도착하면 스마트폰의 QR코드를 사용해 차내에서 만두를 꺼내면 된다. 5G 통신을 사용한 자동조작과 차체 센서에 의해 장애물을 피하며 운행할 수 있다고 한다.

분석 **비대면·비접촉으로 실용화 가속**

이전부터 국내외에서 드론이나 자율주행차량에 의한 택배 서비스는 실험이 진행돼 왔는데, 코로나 사태로 외출 금지나 비대면·비접촉이 부각하면서 실용화가 가속됐다. 비접촉은 배송 현장에서도 중시된다. 요즘은 물품을 현관 앞에 두고 가는 비대면 택배 배달이 일반화되었다.

위기는 기회다!

　일본에서도 물류회사나 라쿠텐(樂天)이 드론 배달 실험을 거듭해 왔다. 2021년 4월부터는 물류 대기업인 세이노홀딩스가 드론 개발 업체 에어로넥스트와 제휴해, 산간 지역을 대상으로 상시 운용을 시작했다. 주택지 인근 착륙장에 배달된 물품을 문자 메시지를 받은 주민이 가지러 가면 된다. 정부는 2022년도 중에 도시를 포함해 지상에서 관찰하는 보조자가 필요 없는 '목시외(目視外, 직접 눈으로 보지 않고 조정하는) 비행'을 인정하는 규제완화를 단행할 예정이다. 그렇게 되면 도시에서도 드론 배달이 가능해진다. 운전사 부족이나 기름값 상승에 시달리는 육상 물류를 대신해 하늘의 무인 물류로 바뀔 계기가 될지도 모른다. 일본우편주식회사나 야마토운수도 실험을 추진 중이다. 이번과 같은 팬데믹에 대비한 BCP(사업계속계획) 대책으로도 유효한 드론 배송은 앞으로 배달의 주축이 될 가능성이 있다.

착륙장 설치비용은 1곳당 수만 엔 정도로 100만 엔 미만의 투자로 산간 취락 지역에도 인프라를 갖출 수 있는 저비용이 매력이다. 대기업이 아니어도 시장에 뛰어들 수 있다. 중거리는 드론으로 배송하고 집 앞까지 최종 배달은 자율운행차량이 맡는 하이브리드 방식도 있다.

일본은 역대급 인구 감소 현상으로 인해 노동 인구가 계속 줄고 있다. 특히 코로나 사태로 외국인 노동자나 유학생이 줄어 사태는 더 악화했다. 코로나보다 일손 부족 때문에 도산하는 업체가 더 많은 지경이다. 이런 상황에서 온라인 쇼핑 시장 확대로 택배 인력난은 더욱 심각해졌다. 일본이야말로 무인 배달을 대폭 강화할 필요가 있다.

세이노홀딩스의 드론 배송

TOPIC 03
새로운 직판 시스템

| **BEFORE** | 재래시장이나 슈퍼마켓에서 구입 |
| **AFTER** | 공동구매나 실시간 방송 직판이 인기 |

 식재료 배달이나 농가 직판의 새로운 형태

중국에서는 많은 고령자가 외출 자제 기간 동안 슈퍼마켓 체인 '허마(盒馬)'를 비롯한 식재료 배달 앱 이용법을 습득했다. 생선 등을 주문하면 30분 이내에 무료로 배달해 주기 때문에 편리하다. 덕분에 고령자가 주된 고객이었던 채소가게나 재래시장은 위기감을 느끼고, 주민자치회 단위의 그룹 판매를 고안했다. 쌀,

계란, 기름 등의 필수 식재료를 수십 세대에게 저렴하게 판매하는 이 방식은 이미 일부 지역에서 정착했다.

동영상 라이브 전송 앱 '콰이쇼우(快手)'에서 채소 판매 농가가 증가한 점도 주목할 만한 부분이다. 콰이쇼우는 2020년 '춘제롄환완후이(春節聯歡晚會, 중국의 설맞이 특집 방송)'에서 단독 스폰서로 방송과 연동한 게임이나 선물을 제공해 이용자 수가 폭발적으로 늘어난 앱으로 라이브 전송 동영상 아래에 구입을 할 수 있는 '카트 버튼'이 붙어 있는 것이 특징이다.

분석 생산자 얼굴을 직접 볼 수 있는 것이 인기의 비결

코로나 사태로 주민자치회의 결속이 강해지고 그룹 판매가 수월해지면서 소규모 단위의 공동구입이 촉진됐다. 한편으로 코로나19 때문에 야채를 도매로 팔 수 없게 된 농가는 밭이나 농사일을 실시간 방송으로 소개하면서 야채나 과일을 직판하는 라이브 커머스(Live Commerce, 실시간 동영상 방송으로 상품을 판매하는 방식)를 시작했다. 농가에 품질이나 크기 등을 시청자가 직접 묻고 답변을 들을 수 있어 안심하고 상품을 구입할 수 있다는 순기능 덕분에 이용자 수가 증가했다.

중국에서 농가의 라이브 커머스가 폭발적으로 히트한 데에는 먹거리에 대해 불안감이 많은 중국 사정상 생산자의 얼굴을 직접 볼 수 있어 안심하고 쇼핑이 가능한 라이브 커머스의 특성이 어필했기 때문이다. 코로나 사태로 곤궁해진 생산자의 모습을 눈으로 직접 보게 되면서 농산물을 적극 매입하고 싶다는 의식이 싹튼 것도 구매를 뒷받침했다. 원거리 이동 자제 요청으로 여행을 할 수 없는 스트레스가 쌓인 가운데 농장이나 밭에서 진행되는 라이브 중계를 보며 간접적으로 '농경 체험을 한 기분이 든다'는 점도 인기에 박차를 가했다.

위기는 기회다!

일본에서는 SNS상의 친구와 인터넷 쇼핑에서 싼값에 공동구매를 할 수 있는 앱 '카우쉐(KAUCHE)'가 뜨고 있다. 이러한 공구 서비스를 기존 커뮤니티인 주민자치회 등에 제공하는 것은 검토할 만한 비즈니스이다. 고령층에서 스마트폰을 사용하는 사람이 늘고 있고, 코로나19로 지자체의 단결이 강화되고 있는 지금이 적기이다.

일본에서도 청년층을 중심으로 라이브 커머스는 성행하고

있는데, 아이돌이나 인플루언서가 라이브 방송 중에 상품을 파는 수준에 머물러 있다. 세계 제일의 고령국가인 일본은 고령자를 타깃으로 해야만 한다. 농가는 지금 코로나 여파로 음식점에 도매로 파는 식재료가 줄어들면서 피폐해졌다. 고령자와 생산자를 잇는 라이브 커머스가 있다면 상호 메리트가 발생할 것이다.

현재 일본의 지방에서는 도로 휴게소나 직판장에서 농가가 직접 판매하는 코너가 인기를 끌고 있다. 기존에는 구입하려면 자동차 등으로 현장을 방문해야 했지만, 콰이쇼우처럼 앱을 통해 구매할 수 있다면 상권은 전국으로 확대된다. 실시간 방송으로 소비자와 생산자가 직접 연결될 수 있고, 마음에 들면 직접 방문해 농업체험을 하는 등 새로운 관광 상품으로 개발하는 것도 가능하다. 농가에 특화한 라이브 커머스를 시작할 때이다.

TOPIC 04
라이브 커머스

BEFORE 백화점에서 직접 손으로 골라 상품 선택

AFTER 라이브 커머스에서 가상 쇼핑 체험

현상 **실시간 방송으로 판매 호조**

중국에서는 라이브 커머스가 쇼핑몰이나 백화점에도 확산됐다. 베이징의 파크뷰 그린 몰에서는 고객을 보다 즐겁게 하려는 브랜드들의 온라인 라이브 스트리밍 서비스를 실시하는 중이다. 베이징의 시단(西單)에 위치한 조이시티 쇼핑센터에서도 신종 코로나 바이러스 유행 기간 중 20개 이상 브랜드의 실시간 방송

프로모션을 실시해 라이브 스트리밍 중 3시간 만에 통상 1주일 치 매상을 기록했다. 접속 고객 수는 7개월간 매장 방문 고객 수와 거의 같았다고 한다.

상하이시의 야오한(八伯伴) 백화점은 2021년 3월 8일 세계 여성의 날을 맞아 자사 플랫폼을 활용한 라이브 커머스를 진행했다. 중국에서는 3월 8일에 여성들에게 반차를 주는 회사가 많은데 이에 맞춰 상업시설이나 레스토랑, 테마파크는 한정 세일이나 할인 행사를 벌인다. 하지만 코로나 사태로 외출을 하지 않는 사람이 늘어 라이브 커머스로 대체됐다.

리포터가 5시간의 실시간 방송 중에 방문한 10개의 가게에서 직원들이 할인 가격으로 구입할 수 있는 으뜸 추천 상품을 소개하는 방식인데 시청자는 백화점 안을 돌아다니는 기분을 느끼면서 방송을 보다가 마음에 드는 것이 있으면 카트에 넣어서 구입한다. 당일에는 야오한 외에도 상하이 시내의 완다광창(万達廣場), 바이렌(百聯), 징야오(晶耀) 등의 백화점이나 쇼핑몰도 실

완다광창 백화점

상하이 야오한 백화점

시간 방송 판매를 실시했다. 백화점의 주요 고객이 중년층과 노년층인 점을 감안하면 이제 실시간 방송 쇼핑은 청년층뿐 아니라 전 세대로 폭넓게 확산된 것이라 하겠다.

 온라인과 오프라인의 복합적인 체험을 제공

온라인 쇼핑몰을 통한 구매는 쇼핑 체험 측면에서 좀 부족하지만 라이브 커머스는 점포 안을 돌아다니는 가상 체험도 할 수 있고, 집에서 편하게 구입할 수도 있다. 코로나 사태로 오프라인 매장을 직접 방문할 수 없는 상황에서 이러한 온라인과 오프라인의 중간적인 쇼핑 방식이 편리하면서도 즐거운 새로운 체험으로 인식되면서 예상 이상으로 이용이 확대됐다.

위기는 기회다!

일본에서는 인플루언서의 라이브 커머스가 한때 주목받았지만 널리 퍼지지는 못했다. 이용자가 컴퓨터나 스마트폰으로 로그인해 백화점에 배치된 주행형 로봇을 조작하며 직원 안내를 받으면서 쇼핑하는 실험도 일부에서 진행되고 있지만 로봇의 배치, 쇼핑객들을 피해서 다닐 수 있는 안전한 동선 확보 등의 과제가 남아 있다. 하지만 직원이 건물 안을 돌아다니며 가게나 인기 상품을 소개하거나 게스트가 운동, 요리 방법 등을 알려주는 라이브 커머스는 구현하는 데 기술적 걸림돌이 없고, 높은 효과까지 기대할 수 있다. 신경 써야 할 부분은 고객 자신이 마치 가게 안을 돌아다니고 있는 듯한, 보다 현실에 가까운 체험을 제공해야 하는 점이다.

이를테면 전담 가이드 직원이 백화점 안을 돌아다니면서 매일 추천 상품을 소개하는 라이브 커머스가 있다면 인기는 따놓은 당상일 것이다. 이용자의 질문에 답해 주거나 언제든 자유롭게 방송을 시청할 수 있다면 더 좋다.

가이드로 인기 유튜버나 연예인, 인플루언서를 기용하는 것도 하나의 방법이다. 실제로 인기 아이돌 출신의 스가모토 유코가 자체 브랜드 화장품을 라이브 커머스로 청년층에게 어필해 히트하는 등 일본에서도 성공 사례는 나오기 시작했다.

　다만 한편으로 이 같은 새로운 방식과 백화점이나 슈퍼마켓의 현장 판매, 또는 홈쇼핑 방송 자파넷 다카타(Japanet Takata) 등의 기존 주류 방식이 따로 놀고 있어 안타까움을 더한다. 이러한 신구 방식을 융합하고 백화점이나 홈쇼핑 판매의 주된 이용자인 40~60대를 흡수하기 위해서는 전통적인 판매 방식을 라이브 커머스화하는데 주력해야만 한다.

　또, 2022년 여름에 일본 상륙 예정인 미국의 D2C(기업과 소비자 간 직거래) 브랜드 전문 백화점 '쇼필즈(Showfields)'도 주목해야 한다. 쇼필즈는 오프라인 매장에 진열만 되어 있는 D2C 상품을 살펴본 뒤 마음에 들면 구매는 전자 상거래로 하는, 소위 서비스형 유통(RaaS) 방식의 체험 쇼루밍(showrooming) 스토어이다. 이미 비슷한 류의 가게인 '베타(b8ta)'가 2020년 여름 신주쿠와 유라쿠쵸에 오픈한 바 있다. 이러한 매장에서 라이브 커머스로 상품을 소개하면 청년층이 몰려들 가능성이 크다.

TOPIC 05
VR 매장

현상 버추얼 매장은 새로운 체험을 만들 수 있을까

미국의 B2B(기업 대 기업) 온라인 마켓 플레이스 플랫폼 누오더(NuORDER)는 의류나 아웃도어 브랜드가 상품을 전시할 수 있는 버추얼 쇼룸 서비스를 개시했다. 고객이 상품을 여러 각도로 돌려 보거나 확대해서 살펴볼 수 있다. 발표회 런웨이 영상이나 이미지 비디오 영상, 디자이너 인터뷰 등의 콘텐츠도 추가

할 수 있다. 이미 누오더에서는 4억 1,000만 점의 제품이 판매되고 있으며 100종 이상의 통화로 구매가 가능하다.

동일 업종인 스토어프런트(Storefront)도 가상현실 기술 업체인 옵세스(Obsess)와 제휴해 소매업자, 패션 브랜드, 디자이너가 VR 스토어를 통해 신규 고객을 확보할 수 있는 지원 프로그램을 개발했다. 기존 매장을 그대로 VR 스토어화할 수도 있고, 완전히 새로운 VR 스토어를 디자인해 구축할 수도 있다. 고객은 VR 헤드셋을 사용해 가상 스토어 안을 둘러보다 마음에 드는 상품이 있으면 그 자리에서 구입하게 되는 것이다.

온라인 쇼핑이 성업 중인 영국의 인기 백화점 존 루이스(John Lewis)가 개설한 버추얼 크리스마스 매장을 이용하면 집에서도 3D 투어를 통해 매장 안을 자유롭게 돌아다닐 수 있다. 호화로운 성탄절 식탁이나 크리스마스트리를 감상하는 도중에 눈에 들어오는 상품이 있으면 클릭으로 그 자리에서 구매 가능하다.

분석 한발 앞서 VR 도입하는 의류 매장

플랫폼 서비스를 활용하면 간편하게 버추얼화할 수 있다는 장점 때문에 코로나 사태의 돌파구를 찾고 있는 의류점들을 중심으로 이용이 확대됐다. 이용자에게는 오프라인 매장보다는 현실감이 덜하지만 자신이 직접 조작하면서 가게 안을 돌아다닐 수 있고, 상품도 360도 뷰로 확인할 수 있다는 점이 어필 포인트로 다가왔다. 3D 버추얼 공간 조작도 이미 대다수가 구글 맵에 익숙해진 터라 이용층 확산의 동력이 되었다.

위기는 기회다!

　　3D 버추얼 공간을 돌아다니면서 쇼핑할 수 있는 시스템은 애프터 코로나 시대의 뉴노멀로도 도입이 추진될 가능성이 높다. 매장은 플랫폼만 있으면 큰 부담 없이 VR화할 수 있고, 기존보다 폭넓은 고객을 온라인으로 확보할 수 있다.

　　다만 VR 매장은 현실과 달리 직원이나 동행하는 친구들과 얘기를 나눌 수 없어 조용하다는 게 단점이다. 친구와 함께 로그인해 아바타로 돌아다닐 수 있거나 채팅으로 질문하면 직원이 실시간으로 답변해 주는 등 커뮤니케이션 기능을 보완해야 한다. 그런 기능이 갖춰져 보다 즐겁게 쇼핑할 수 있게 되면 VR

매장 정착에 탄력이 붙을 수 있다.

중국에서는 복합 초고층 빌딩 '창사(長沙) IFS 타워'에 5G 네트워크와 증강현실(AR)을 연계한 MR(Mixed Reality, 혼합현실) 쇼핑 내비게이터 'iGO'를 도입해 화제를 모았다. 쇼핑몰에서 스마트폰을 iGO와 연결하면, CRM(Customer Relationship Management, 고객 관계 관리) 시스템에서 고객 개개인의 행동이나 기호를 분석하면서 고객 위치에 맞춰 스마트폰 화면에 매장 정보, 신상품 정보, 반짝 세일 정보 등을 실시간으로 표시해준다. 매장 내에서 길을 잃지 않도록 내비게이션도 제공한다. iGO는 별도의 앱 없이 모바일 메신저 위챗(WeChat)을 통해 바로 접속 가능한 것도 특징이다. 집에서의 VR뿐 아니라 MR을 활용한 오프라인 매장에서의 쇼핑 체험도 진화하고 있는 것이다. 테크놀로지에 의한 쇼핑의 디지털 전환은 일본에서도 주목받을 것 같다.

VR이나 AR은 코로나 사태를 계기로 시장이 급속히 확대됐고 이미 되돌릴 수 없는 흐름으로 정착했다. 코로나 이후에도 이런 플랫폼을 활용·구축하지 않은 기업은 쇠퇴할 가능성이 있다.

TOPIC 06
버추얼로 집 둘러보기

BEFORE 부동산 매물을 차로 돌며 하나씩 확인
AFTER 마음 내킬 때 부동산 버추얼 투어

현상 버추얼 투어 본격 제공

미국에서는 코로나 사태 속에서도 부동산 매상이 그다지 감소하지 않았다. 매상 하락을 막는 데 도움이 된 것이 부동산 매물의 버추얼 투어다. 드론으로 찍은 동영상을 활용해 집 전체, 정원, 주변 환경 모습을 볼 수 있는 연구를 수년 전부터 지속해온 부동산 업계는 감염 확대로 실제 매물 대신 사진만 보고 판

단해야 하는 구매자를 위해 본격적으로 버추얼 투어를 제공하기 시작했다.

시애틀에 본사를 둔 온라인 부동산 플랫폼 질로우(Zillow)가 대표적이다. 컴퓨터나 스마트폰을 통해 원격으로 건물 안팎의 모습을 볼 수 있는 버추얼 투어 '3D 홈 투어' 사업은 폭발적인 인기를 얻었다. 동종 업체 레드핀(Redfin)도 마찬가지였으며 버추얼 투어 소프트웨어를 개발하는 렌틀리(Rently) 같은 신규 기업도 눈부신 성장을 이루었다. 카메라가 탑재된 로봇을 활용해 집 둘러보기 투어 플랫폼을 제공하는 젠플레이스(Zenplace) 역시 미국 전역에서 전례가 없을 정도로 수요가 늘고 있다.

분석 거래 가격 조회 툴 도입으로 판매도 활발하게

이러한 업체들이 큰 인기를 얻고 있는 이유로는 건물이나 고정자산세 데이터, 과거 매매 거래 등을 기초로 한 독자적인 가격 책정 기준을 공개하고 있는 점이 꼽히고 있다. '대략이라도

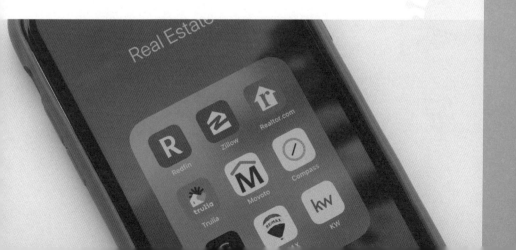

좋으니 지금 살고 있는 부동산의 가치를 파악하고 싶다'는 매도 인과 '판매 가격이 타당한지 확인하고 싶다'는 매수인 양쪽의 수요를 맞춘 덕분에 해당 플랫폼을 매개로 한 매매가 활발해지면서 급성장했다.

원격으로 건물을 볼 수 있는 플랫폼이나 소프트웨어, 콘텐츠가 이미 갖춰져 있었기에 코로나 사태가 급작스레 발발했음에도 불구하고 집 둘러보기를 원격으로 대체하는 데 성공했다. 이용자도 버추얼 투어로 부동산과 관련한 정보를 대부분 얻을 수 있고, 구입 여부를 판단하는 데 도움이 되었기 때문에 시장 자체가 침체되지 않고 매출을 유지할 수 있었다.

"

위기는 기회다!

일본에서도 부동산 검색 사이트 '언제든 집 둘러보기(イツデモ内見)' 이용이 증가하고 있다. 이 사이트에서는 고화질 360도 파노라마 사진을 통해 임대 물건의 '버추얼 둘러보기'를 제공하고 있다. 부동산뿐 아니라 가구의 VR 전시회도 등장했다. 가구 및 인테리어 매장을 운영하는 리그나가 제공하는

버추얼 쇼룸이 좋은 예다. 인터넷으로 화면을 조작하며 둘러볼 수 있고, VR 헤드셋을 사용하면 360도 뷰로 실물을 직접 보는 것 같은 가상 체험도 할 수 있다. 실시간으로 직원과 커뮤니케이션을 할 수 있는 등 성능이 좀 더 업그레이드된다면 굳이 부동산이나 쇼룸을 보러 직접 방문하는 수고를 덜 수 있어 앞으로 수요가 더욱 늘어날 것이라 기대된다.

코로나19로 크게 위축된 부동산 시장은 시내 중심 지역 부동산부터 회복될 것으로 판단된다. 도심을 지향하는 사람은 VR 등 새로운 테크놀로지에 친화적인 경우가 많기에 효율적으로 물건을 둘러볼 수 있는 버추얼 투어는 새로운 비즈니즈로 유효할 것이다.

언제든 집 둘러보기 홈페이지

TOPIC 07
채팅 전자 상거래

BEFORE 나 홀로 쇼핑 사이트 뒤지며 구매

AFTER 친구와 대화를 나누며 EC 체험

현상 | 그룹으로 즐기는 온라인 쇼핑

외출을 할 수 없는 현 상황 속에서 어떻게 하면 친구와 함께 쇼핑을 하러 가는 즐거움을 실현할 수 있을까. 이러한 아쉬움을 해결해 주는 서비스가 미국의 '스쾃드 쇼핑 파티(Squadded Shopping Party)'이다. 미국의 아소스(Asos)나 부후(Boohoo), 미스가이디드(Missguieded) 등의 EC(전자 상거래) 사이트에서 그룹으로 쇼핑 체험을 즐길 수 있다. 대상은 15~25세의 Z세대로 친구와 함께 콘텐츠를 즐기는 넷플릭스 파티나 인스타그램의 함께 보기(Co-Watching) 기능 등 미국과 유럽에서는 여럿이 같이 즐기는 온라인 서비스가 증가하고 있는데, 그 흐름이 온라인 쇼핑에도 전파된 것이다.

실제로 구글의 확장 프로그램 기능에서도 실험적으로 제공되고 있다. 접속해서 친구나 지인에게 통지를 보내 채팅에 초대한 다음, EC 사이트상의 여러 상품을 둘러보면서 의견 교환이나 잡담을 나눌 수 있다. 갖고 싶은 물건 리스트를 공유한다거나 특정 상품을 두고 '어울린다' vs '사지 않는 게 낫다'처럼 투표할 수 있는 시스템도 마련되어 있다.

 VR 매장+채팅 기능이 청년층에 인기

오프라인 매장에서 옷을 고를 때 어울리는지 다른 사람에게 의견을 듣는 것은 구매자들에게 있어, 특히 젊은 여성들에게 매우 중요한 포인트라 하겠다. 그러나 기존 EC 사이트에서는 이런 필수 요소가 결여되어 있었다. 코로나 사태로 오프라인 매장에서의 쇼핑이 힘들어지면서 여성들의 답답함은 더 커졌을 것이다. 그래서 채팅 기능을 통해 서로 이야기하면서 즐겁게 쇼핑할 수 있는 이 서비스에 Z세대가 열광한 것도 당연한 일이다.

위기는 기회다!

　요즘 EC 사이트에서는 의류나 잡화, 생활용품 등 온갖 상품을 구매할 수 있다. 이제 다음 요소는 얼마나 현실에 가까운 구매 체험을 제공할 수 있는지이다. 대다수의 여성들에게 쇼핑은 '커뮤니케이션 투어'이기에 지인과의 수다를 빼놓을 수 없다. 그 맹점을 파고든 스콰드 쇼핑 파티는 EC 사이트의 가게를 모임의 장으로 만들어 여성들이 요구하는 새로운 EC 쇼핑 체험을 실현한다.

　일본의 젊은 세대는 코로나 사태 속에서도 소비 금액이 크게 줄지 않았다. 특히 의류에 대한 관심이나 소비는 기성세대보다 크다. 앞서 가는 스콰드 쇼핑 파티의 대처를 힌트로, 종래 일본 의류 EC 사이트에는 없었던 대화 기능을 서비스로 보완·전개한다면 유효한 비즈니스가 될 것이다. 이렇게 온라인의 편리성이나 감염 리스크를 피할 수 있는 안전성을 담보하면서 쇼핑 본래의 엔터테인먼트적인 요소나 친구, 연인, 가족과 함께 시간을 보낼 수 있는 장을 제공하는 '하이브리드 쇼핑'이 앞으로 주류로 자리매김할 것이다.

TOPIC 08
전세 내서 쇼핑하기

BEFORE 길게 줄 서서 분주하게 물건 고르기

AFTER 한 사람만을 위한 공간에서 꿈의 쇼핑 체험

현상 정중한 개인 스타일링 서비스로 객단가 상승

　네덜란드에서는 코로나19로 인해 문을 닫는 의류 매장이 속출하자 타개책으로 '프라이빗 쇼핑' 가게가 급부상했다. 프라이빗 쇼핑 가게에서는 온라인으로 예약한 날에 혼자 매장에 가서 '전세 쇼핑'을 할 수 있다. 입구에 비치된 위생 장갑(점원도 착용. 네덜란드에서는 마스크는 필수가 아니다)을 끼고, 20분에서 1시간

존 루이스 백화점

정도 제한된 시간 동안 혼자만의 쇼핑을 할 수 있다. 젊은 여성들의 인기 액세서리·패션 브랜드인 '마이 주얼리(My Jewellery)'나 란제리 숍 '드 란제리부티크(De LingerieBoetiek)'가 도입했는데, 후자의 경우 감염 예방을 위해 플라스틱판을 두고 판 너머로 고객의 사이즈를 측정했다.

영국의 대형 백화점 존 루이스에서는 프라이빗 쇼핑으로, 단 6명의 퍼스널 스타일리스트가 쇼핑몰 전체의 20% 매상을 달성하는 쾌거를 올리기도 했다. 컬러 애널리스트나 포멀 웨어 담당 등 그 분야에서 가장 뛰어난 퍼스널 스타일리스트를 갖춘 것이 성공 요인이다. 사회적 거리두기 때문에 평소보다 거리를 둬야 하는 만큼 피팅룸 공간을 크게 했다. 대응할 수 있는 고객 수는 감소했지만 한 사람 한 사람에게 맞는 개인 스타일링 코디네이트를 제안하고, 시간을 들여 정성껏 접대한 것이 효과를 발휘해 객단가가 크게 올랐다. 영국의 오프라인 매장 쇼핑에서는 상품 구입 결정의 70%가 피팅룸이라는 개별 공간에서 이뤄지고 있다는 조사도 있다.

분석 한정된 고객 수 상황에서 서비스 질을 향상

코로나 사태 이후로 고객을 많이 모으는 전략이 어렵게 되자 각각의 고객을 정중하게 접대해 객단가를 높이는 방식이 대안으로 떠올랐다.

네덜란드에서는 전세 쇼핑을 마련해 여성들에게 꿈만 같은 체험을 제공했다. 고객과 고객 간 접촉도 피하게 했다. 영국은 각 분야의 최고급 전문가가 고객 응대를 하는 고부가가치 서비스로 승부를 걸었다. 어느 쪽이든 고객 만족도를 극한까지 끌어올리는 것이 목표였고 결과적으로 판매 수와 매상 증가로 이어졌다.

위기는 기회다!

　프라이빗 쇼핑은 이미 백화점이나 신용카드 회사의 VIP 서비스로 구현되고 있다. 하지만 인터넷 쇼핑 확대로 기존 점포가 위협을 받으면서 새로운 쇼핑 형태로 부상했고, 코로나 사태가 수습된 후에는 일반적인 쇼핑 형태로 자리매김할 가능성이 있다. '전세 쇼핑'까지는 아니더라도 고객 응대 기술이나 대우를 보다 향상시키려는 시도도 유효하다. 이를테면 영국과 같이 넓은 피팅룸에서의 개별 서비스는 플러스알파의 체험을 제공해 고객들이 가게를 찾는 이유가 될 수도 있다. 즉, 오프라인 매장에서만 가능한 체험 가치를 높이는 것이 백화점이나 의류점의 중요 포인트가 된다.

TOPIC 09
장난감 정기 구독

BEFORE 집 안에 쓰지 않는 장난감이 산더미

AFTER 장난감도 정기 구독으로 공유

현상 **월정액 정기 구독 서비스의 시작**

영국의 장난감 공유 서비스 회사 월리(Whirli)는 완구를 구매하지 않고 대여할 수 있는 월정액 구독 서비스를 제공하고 있다.

완구는 연령대별로 달라진다. 아이가 나이가 들면서 갖고 놀지 않는 장난감은 집에 보관하기도 애매해 버리지 않으면 안 된다. 월리의 서비스를 이용하면 싫증이 나거나 갖고 놀지 않게 된

the ever-changing toy box

장난감 공유 서비스 회사 윌리

장난감을 새로운 것으로 교환할 수 있다. 다양한 장난감을 갖고 놀 수 있고 다 갖고 논 뒤엔 반납하기 때문에 쓰지도 않는 장난감들이 집 안에 산더미처럼 쌓일 일도 없다. 마음에 들면 할인된 가격으로 구입도 가능하다.

분석 자녀의 재택 시간이 늘어나며 수요 증가

영국은 록다운으로 인한 외출 제한 때문에 아이들이 집 안에서 지내는 시간이 많아지면서 장난감 정기 구독 이용이 증가했다. 고가의 장난감도 정기 구독 월정액 요금으로 쉽게 사용할 수 있어 코로나19로 수입이 줄어든 가정을 중심으로 이용이 확대됐다. 가족의 재택 시간이 많아지면서 한정된 실내 공간이 장난감으로 넘치는 것을 피하고 싶은 마음이 커진 점도 인기를 끈 요인이라고 할 수 있다.

위기는 기회다!

일본에서도 비슷한 서비스를 제공하고 있는 '토이서브(Toy Sub)!'의 이용자가 1만 명을 돌파하는 등 코로나 사태 속에서 크게 성장하고 있다. 토이서브!는 연령이나 희망 사항에 맞춰 자사의 전문가가 아이템을 선정해 격월로 배달한다. 무엇을 선택하면 좋을지 모르는 부모에게 안성맞춤이다. 마음에 드는 장난감은 반환하지 않고 연장해서 사용해도 되고, 특별 가격으로 구입할 수도 있다. 다만 토이서브!는 주로 실내에서 갖고 놀수 있는 장난감만을 제공한다. 이를테면 밖에서 물놀이를 할수 있거나 타고 다닐 수 있는 장난감은 취급하지 않는다. 보다아이템 수가 많은 장난감 정기 구독 서비스를 제공하면 좋을 것 같다. 장난감 이외에도 그림책 등 성장하면서 수납에 어려움을 겪는 유아, 아동용 아이템을 정기 구독화하는 것도 유효할 것이다.

Beyond · ENTERTAINMENT

3부

새로운 오락의 형태

극장, 영화관에 가지 않더라도 집에서 모든 오락을 즐길 수 있다.
가상공간이나 온라인게임 속에서 아바타를 사용해
이벤트에 참가하는 등 리얼과 버추얼의 융합도 이루어졌다.
고전적인 드라이브인이나 보트를 활용한
새로운 엔터테인먼트도 등장했다.
코로나19 속에서 세계의 오락은 점점 진화하고 있다.

TOPIC 01
줌 연극

 현상 **줌을 활용한 새로운 연출 도입**

전 세계적으로 극장에서의 공연 등이 제한을 받고 있는 가운데, 독일에서 시작된 것이 컴퓨터나 스마트폰으로 관람하는 온라인 연극이다. 샤우스필 라이프치히(Schauspiel Leipzig) 극장은 온라인 회의 앱인 줌을 활용해 프란츠 카프카의 작품 '성(城)'을 상연했다. 무료로 사용할 수 있는 시간이 40분인 점을 감안해,

40분씩 나눠 4회로 나눠 전송했다. 또 베를린 도이체 극장에서는 줌으로 윌리엄 셰익스피어의 작품 '로미오와 줄리엣'을 상연했는데 통상 5막의 작품을 13회로 나눠 공개했다.

분석 ## 극장 영업 부진을 타파할 실험적 시도가 필요

무대 위 연극을 그대로 보여주는 것이 아니라 줌의 기능을 최대한 활용해 연출한 것이 포인트이다. 이를테면 모든 등장인물이 화면에 나오다가 로미오와 줄리엣 둘만의 장면으로 바뀔 때에는 다른 출연자들이 줌에서 나가는 것으로 두 사람만의 대화씬을 연출했다. 막이 끝나는 것도 회의 종료 형태로 표현했다. 온라인에 특화된 이러한 연출이 신선한 충격을 던지면서 입소문이 나 시청자들이 몰려들었다.

줌에서 상연되는 연극

위기는 기회다!

일본에서도 연극을 온라인으로 전송하는 시도는 이미 있었지만 독일의 예처럼 다양한 기능을 사용한 연출을 도입하는 등의 노력을 한다면 새로운 장르로 발전할 가능성이 있다. 예를 들어 1막은 오프라인 무대, 2막은 온라인, 3막은 다시 오프라인 무대 관람 등 온·오프라인 병행으로 이야기를 전개하는 연출도 생각해 볼 수 있다. 온라인 기능을 대체 수단 차원에 그치지 않고 연극에 적극적으로 활용하는 각본가나 연출가가 주목을 받을 것이다. 다만 어느 온라인 툴을 사용할지가 중요하다. 일본은 재택근무 비율이 20~30% 정도이며 가장 많이 사용되고 있는 줌조차 널리 보급이 되지 않은 상황이니 어설프게 다른 툴을 사용하게 되면 혼란만 가중할 뿐이다. 그나마 많은 사람들이 사용하는 줌을 활용하는 것이 기본 조건이고 그 기능을 제대로 연출에 적용하는 연구도 필요하다.

TOPIC 02
독백 드라마

BEFORE 감염 위험 높은 집단 촬영 방식

AFTER 독백 스타일이 온라인에서 화제

현상 **독백형 살인 사건 드라마가 인기**

1988년 영국 방송 BBC TV의 주요 채널 'BBC One'에서 방송된 극작가 앨런 베넷 각본의 '토킹 헤즈(Talking Heads)'는 수많은 상을 휩쓴 명작으로, 연기파 배우들의 독백으로 구성된 살인 사건 드라마이다. 코로나 상황 속에서 니콜라스 하이트너 감독이 기존 작품에 2화를 새로 추가해 10화의 오리지널 에피소드

BBC의 '토킹 헤즈'

로 리메이크했다. 할리우드 배우 크리스틴 스콧 토마스, 마틴 프리먼 등이 출연한 이 리메이크판 토킹 헤즈는 영국에서 2020년 6월에 방송되어 인기를 끌었다.

독백 기법은 코로나19 감염 확대 방지와 사회적 거리두기 기조에 최적화된 방식이다. 다른 영화 현장의 촬영은 멈췄지만 독백을 활용한 드라마는 배우 한 명을 단독으로 안전하게 촬영할 수 있어 일사천리로 제작이 진행됐다. 코로나 사태로 재택 공간에서 즐길 콘텐츠 수요가 늘어난 가운데, 이런 방식으로 완성된 드라마가 방영돼 시청자가 몰려들면서 붐이 일어났다.

위기는 기회다!

코로나 사태 같은 팬데믹이 일어나면 영화나 드라마 촬영이 멈추면서 방영·상영이 늦춰질 수밖에 없다. 이런 상황에서는 '독백'이라는 촬영 스타일이 감염 방지 관점에서 메리트가 있다는 사실이 입증됐다. 일본에서는 개그 콤비 '우먼 러시아워'의 무라모토 다이스케(村本大輔)가 독백으로 웃음을 선사하는 스탠드업 코미디를 줌으로 방송해 화제를 모았다.

TV 드라마나 코미디뿐만이 아니다. 안전한 거리를 유지하면서 배우들을 배치한 뒤 배우 각자가 독백하는 형식으로 스토리를 전개하는 무대도 사회적 거리두기를 고려한 연극 연출이 될 수 있다. 배우가 홀로 출연하는 1인극 등도 유효하다. 코로나19를 계기로 빛을 보게 된 독백 연극이 앞으로 성행할 가능성도 있다.

무라모토 다이스케

TOPIC 03
재택 라이브

BEFORE 매일 밤 친구들과 클럽에서 즐기기

AFTER 유명 DJ들과 온라인에서 만나기

현상 무료로 라이브를 즐기고 기부

독일 베를린은 최근 유럽에서 가장 영향력 있는 음악 산업 허브 중 하나이자 클럽 문화가 발달한 곳으로 유명하다. 음주가무를 즐길 수 있는 클럽이 영업을 할 수 없게 되자 베를린의 인기 클럽들이 뭉쳤다.

이들 클럽은 2020년 3월 18일부터 22일까지 5일간, 밤 19시부터 0시까지 유명 DJ의 연주를 온라인으로 무료 방송해 화제를 모았다. 시청자는 라이브를 즐기면서 기부도 할 수 있다. 클럽 문화의 메카 베를린이었기에 가능한 기획이었다.

코로나 사태의 끝이 보이지 않는 가운데 온라인 방송은 4월 이후에도 부정기적으로 이어졌다. 베를린 자연사박물관의 전시실에 DJ 라이브 세트를 반입해 연주하는 모습을 라이브 전송하는 등 참신한 기획들이 계속되었다.

2020년 6월에는 아시아 지역에서도 같은 기획이 펼쳐졌다. VENT를 비롯해 AKIRAM EN, DJ DYE, Black Boboi, ALTZ, SUNGA 등 일본의 아티스트와 DJ들이 해당 이벤트에 출연하여 최상의 플레이를 팬들에게 선사했다.

분석 **'집콕'의 우울한 기분 풀기**

집에서도 높은 수준의 라이브 음악을 즐길 수 있다는 점에서 청년들이 대거 접속해 시청하거나 각자의 장소에서 춤을 추며 집콕으로 쌓인 스트레스를 해소했다.

이 이벤트의 총방문자는 4,000만 명을 헤아리고, 베를린의 67개 클럽에 57만 유로가 기부됐다. 활동은 세계로 확대돼 2,000명이 넘는 아티스트가 참가했고, 전 세계에서 150만 유로의 기부가 이루어졌다.

위기는 기회다!

    일본에서도 영업시간 단축으로 폐점 시간인 20시까지는 오프라인 클럽에서 즐긴 뒤 집에 돌아가 라이브로 전송되는 버추얼 클럽을 즐기는 젊은이들을 볼 수 있다. 앞으로는 집에 대형 스크린과 음향 설비를 갖추고 유명 DJ의 라이브 방송 영상을 돌려 자기 방이나 거실을 가상 클럽 같은 공간으로 만들어 즐기는 사람들이 나오게 될 것이다. 클럽들이 연대해 플랫폼을 만들면 집에 있으면서 하룻밤 사이에 여러 클럽을 돌아다니는 체험도 가능해진다. 애프터 코로나에서도 친구들과 술을 마시면서 '재택 클럽'을 즐기거나 각자 집에서 접속해 같은 가게의 DJ 플레이를 원격으로 시청하면서 헤드셋을 통해 서로 대화를 나누는 등 클럽 체험을 재현할 수도 있다. 클럽 1회 이용권이나 월정액 방식의 요금 모델도 생각해 볼 수 있을 것이다. 앞으로 오프라인뿐 아니라 온라인 제공도 다듬게 되면 일본 전역, 나아가 전 세계에서 고객을 모을 수 있어 수익 증대가 기대된다.

TOPIC 04
홈 이벤트

BEFORE 이벤트 장소에 참가자들이 모여 즐기기

AFTER 집에 상품이 배달, 원격으로 시음·시식

현상 다양한 온라인 이벤트 개최

덴마크에서는 이벤트들이 줄줄이 취소·중지되면서 존폐 기로에 선 이벤트 회사들이 온라인 이벤트 서포트 서비스를 시작했다. 이벤트 기획자는 전용 홈페이지에 신청한 뒤 참가비·대상 연령·개최 일시 등을 설정하면 된다.

참가자는 해당 홈페이지에서 무료 이벤트를 찾거나 좋아하는

이벤트 티켓을 구입, 당일 온라인으로 참가한다. 상품 시음·시식회, 워크숍, 게임 등을 개최할 수도 있다. 이 경우 상품 배송이나 홍보, 현실감을 더하기 위한 라이브 방송 등은 이벤트 회사가 지원한다.

이 행사 참가자에게는 이벤트 개시 전에 미리 상품이 배달된다. 실제 와인이나 맥주 시음회, 빵을 굽는 워크숍을 비롯해 바리스타 강좌, 시식회, 미술 교실, 강연회 등 다양한 이벤트들이 개최된다.

분석 플랫폼 서비스 수요

음식점이나 제조사도 온라인 이벤트를 열고 싶지만 노하우가 없다. 이용자도 참가해 보고 싶지만 좋아하는 이벤트를 어떻게 찾으면 좋을지 모른다. 그 양자를 이어 주는 플랫폼을 구축하는 데서 사업적 기회를 찾은 것이다.

제공하는 측은 기획만 생각하면 된다. 나머지 상품 발송이나 선전, 라이브 방법에 관한 전문적인 지식은 모두 서포트를 받을 수 있기 때문에 손쉽게 시작할 수 있다. 소비자 측도 홈페이지를 검색해서 호기심이 가는 이벤트를 체크할 수 있다. 이런 토털 지원 패키지 서비스로 수요·공급 양측의 수요를 모두 충족시켜 히트한 것이다.

위기는 기회다!

    일본에서도 와인 시음회를 온라인으로 개최하는 등 사례는 늘어나고 있다. 이런 스타일에 익숙해진 소비자는 코로나 사태 수습 후에도 서비스를 이용할 것으로 예상된다. 다만 일본에서는 강연회나 세미나의 온라인화는 확대됐지만, 이벤트 영역은 일부에 그치고 있다. 이벤트를 온라인화하면 해외를 포함한 원거리 고객까지 포용할 수 있는 메리트가 있는데도 진척되지 않고 있다. 온라인 이벤트를 얼마나 오프라인 이벤트에 가깝게 구현하는지가 관건이다. 그 점에서 덴마크의 예처럼 상품 발송부터 홍보, 라이브 방송 컨설팅을 모두 맡는 플랫폼 서비스를 제공하는 비즈니스가 유망해진다.

    재택 환경에서 특별함이나 현실감을 어떻게 연출할 수 있을지도 향후 서비스 성패를 좌우하는 열쇠이다. 미국의 출장 요리 업체가 시작한 배달 서비스 '파슬'은 음식이나 칵테일을 배달할 때 식기는 물론이고 주문 제작 가능한 식탁보, 칵테일 인퓨전 키트 등 엄선된 주방 아이템도 패키지에 포함된다. 집에서도 최고급의 체험을 할 수 있는 서비스 제공이 중요하다.

TOPIC 05
가상 마라톤

BEFORE 행사장에 모여 일제히 스타트

AFTER 각자 원격으로 달리고 가상에서 순위를 겨루다

현상 버추얼 대회 티켓 완판

덴마크에서는 실제 마라톤 대회가 중지된 가운데, 스포츠 매장 등이 스폰서가 되어 버추얼 마라톤 대회를 개최했다. 주말 2일간 열린 이 대회의 참가비는 성인 약 2만 5,000원, 어린이 약 1만 5,000원 정도이며 성인은 5km, 10km, 하프 마라톤, 풀 마라톤의 4종류, 어린이는 2km에 참가할 수 있다. 주행 코스는 자유

롭게 결정할 수 있으며 달려도 되고 걸어도 좋다. 송신된 번호표를 출력해 붙이고 완주한 후 각자가 시간을 스크린샷으로 보고한다.

참가비 가운데 약 1,500원 가량은 코로나 피해 지원 단체에 기부된다. 기부할 단체는 페이스북으로 참가자들의 의견을 모은 뒤 투표로 최종 결정한다. 참가자는 고독한 조깅 대신 연대감을 느끼면서 즐길 수 있고, 사회 공헌도 할 수 있다. 참가자에게는 참가 기념 메달도 배달된다. 겨울방학 한정 행사로 어린이만 참가하는 버추얼 키즈 런도 진행됐다.

분석 자유로운 의사 결정이 인기의 한 원인

아마추어 주자에게 마라톤 대회 출전은 하루하루 고된 연습을 감내하는 동기 부여 역할을 하는데, 대회가 잇따라 중지되면서 목표를 상실하게 되었다. 그런 아마추어 주자들에게 버추얼 마라톤 대회 개최는 희소식이었다. 코스도 자유롭게 결정할 수 있는 점이 어필해 준비된 티켓 2,500장이 개최 1개월 전에 모두 판매되었다. 단순히 달리면서 시간을 겨루는 데 그치지 않고 기부로 사회 공헌을 할 수 있다는 점도 코로나 상황에서 연대 의식을 갖고 싶어 하거나 무언가 도움이 되고 싶다고 생각하는 사람들의 마음을 사로잡았다.

위기는 기회다!

　일본에서도 개개인이 같은 시간에 출발해 설정된 거리를 달리고, 완주 후 시간을 보고해 순위를 결정하는 버추얼 마라톤 대회가 각지에서 진행되고 있다. 당일 하루에 국한하지 않고 수 주간 이내 등 완주 날짜도 스스로 정하면 되는, 보다 자유로운 룰을 적용한 대회도 열리고 있다. 이를테면 조깅 앱 '아식스 런키퍼'를 활용해 러너가 스스로 코스를 자유롭게 설정하고 주행 로그를 기록하는 '로드 투 도쿄 마라톤 2021' 등이 대표적이다. 참가한 주자에게는 추첨을 통해 2021년 8월 개최된 도쿄 마라톤 2021 출전권이 지급되었다. 버추얼 마라톤 대회는 대회가 진행되는 장소에 가지 않아도 되기 때문에 코로나 사태 수습 후에도 계속 수요가 있으리라 보인다. 버추얼 개최 기획 취지대로 전 세계에서 참가자를 모집할 수도 있다.

　앞으로 마라톤 중인 주자들이 앱을 통해 서로 대화를 나누는 기능이나 각자의 달리고 있는 장소가 지도상에 표시, 또는 가상공간상의 화면에 실시간으로 주자의 위치가 반영되는 등 버추얼 대회에 특화된 디지털 기능이 정비되면 인기가 더욱 올

라갈 것 같다.

　코로나19로 장거리 이동이나 여행이 제한되면서 러닝이나 워킹이 집 근처에서 할 수 있는 활동으로 각광받고 있다. 기존 이상의 가치도 지니게 됐다. 기부나 버추얼 이벤트 참가 등 '사회나 사람과 이어져 같은 목적의 행동을 하거나 함께 시간을 보낼 수 있다'는 점이 인기를 끄는 핵심이 된 것이다.

TOPIC 06
드라이브인 오락

BEFORE 차를 주차장에 세우고 나와 이벤트 회장으로

AFTER 자동차가 최소 단위의 엔터테인먼트 공간이 되다

현상 자동차 극장 인기 급상승

코로나로 옥외에 자동차를 주차하고 거대 스크린으로 영화를 즐기는 '자동차 극장'의 인기가 급상승했다. 독일의 쾰른에서는 록 그룹 브링즈가 자동차 극장에서 쾰른대학병원을 위한 자선 콘서트를 개최했다. 뒤셀도르프에서는 자동차 극장 공간에서 펼쳐진 힙합 라이브가 TV 생중계됐으며 부활절 때에는 예배도

진행됐다. 덴마크에서도 약 500대의 자동차를 수용할 수 있는 회장에서 덴마크 첫 대규모 드라이브인 콘서트가 개최됐다. 회장에서는 음악 연주 외에도 단막극이나 영화 상영 등이 이루어졌다.

분석 차 밖으로 나오지 않아 감염 위험을 막는다

코로나 사태로 친구나 지인을 만나기 힘들게 되었지만 그 반동으로 사람들은 연결이나 연대를 갈구하는 동시에 자극도 원하게 되었다. 감염 리스크 예방 차원에서는 자동차로 이동한 후 차 안에서 나오지 않고 체험할 수 있는 이벤트가 가장 이상적이다. 그런 의미에서 자동차 극장의 이점을 살려 회장에서 일체감도 느끼고 라이브 공연을 통해 비일상적인 감동도 얻을 수 있었던 이번 시도는 모든 필요 요소를 충족한 획기적인 이벤트라 하겠다. 미국과 유럽에서는 일반적인 오락인 자동차 극장이 다른 엔터테인먼트에도 응용되어 코로나로 지친 사람들의 마음을 어루만져 주고 있다.

위기는 기회다!

통상적으로 대규모 이벤트를 진행할 때에는 회장과는 별도로 인근에 주차장을 확보해야 하지만 주차장에서 이벤트를 개최하면 회장이 필요 없어져 공간과 비용이 줄어든다. 전국의 거대 주차장에서 음악 페스티벌 등 여러 이벤트를 차 안에서 즐기는 새로운 형태의 엔터테인먼트가 탄생할 수도 있다. 아티스트도 일반적인 공연에서는 스테이지에서만 연주하는데, 덴마크의 자동차 극장에서는 아티스트가 차 사이를 돌아다니는 새로운 연출을 선보여 관중들을 매료시켰다. 영화에만 한정됐던 종래의 드라이브인 방식 오락에서 벗어나 앞으로는 다양한 콘텐츠로 전개될 것이라 예상된다.

포인트는 '사회적 거리두기를 확보하며 이동할 수 있는 가치'와 '최소 단위의 엔터테인먼트 시설로서의 가치'가 자동차에서 발견됐다는 점이다. 일본은 '청년층의 자동차 이탈'이 회자된 지 오래다. 그래서 이런 자동차의 새로운 체험을 기획하는 것이 중요하다. 새로운 자동차 사용 방법을 주도해 참신한 이벤트를 많이 개최해야 한다.

TOPIC 07
디지털 페스티벌

BEFORE 콘서트 회장에서 하나가 되어 열광

AFTER 줌으로 일체감 있는 쌍방향 라이브

현상 온라인 페스티벌로 활로를 찾아내다

2020년 6월 태국에서는 태국 첫 온라인 뮤직 페스티벌 '온라인 뮤직 페스티벌 탑 히트 타일랜드'가 개최됐다. 아티스트와 관객이 쌍방향으로 교류할 수 있는 페스티벌로 인기 밴드 '세이프플래닛(Safeplanet)'도 출연했다. 포인트는 시청 플랫폼으로 줌을 사용해 팬과 아티스트가 온라인상에서 라이브 채팅을 할 수 있도록 한 점이다. 촬영 스튜디오에서는 로그인한 5,000여 명의 시청자들 모습이 아티스트 주위 벽에 설치된 거대 스크린에 비춰지는 연출도 펼쳐졌다. 단순히 라이브를 온라인으로 전송하는 것이 아니라 줌을 사용해 다양한 방식을 선보였다.

분석 쌍방향 교류는 획기적 접근

이 이벤트의 특징은 쌍방향 라이브 체험이다. 자신의 줌 화면이 스크린에 투영되고 아티스트와 채팅도 즐길 수 있다. 시청자들은 집에 있으면서 다른 참가자들과 함께 열광하는 기분을 느낄 수 있다. 아티스트도 무수히 많은 관객의 존재를 느끼고 고양감을 만끽하면서 열정적인 연주와 노래를 전달할 수 있다. 일반적인 온라인 라이브에는 없는 일체감이 흥을 돋우는 원동력이 됐다.

이것은 온라인이기 때문에 탄생이 가능했다고 해도 과언이 아니다. 아티스트와 팬의 거리를 좁히는 아주 좋은 방식이다. 일본에서도 도네이션으로 아티스트나 스포츠팀을 응원하는 움직임이 활발해졌으며 코로나 사태와 인터넷 인프라 보급으로 인해 라이브에 있어 팬과 아티스트 및 선수의 거리가 단번에 가까워졌다.

" 위기는 기회다!

    록밴드 '서던 올스타즈'를 비롯해 일본에서도 많은 아티스트가 온라인 라이브에 도전하고 있다. 음악 레이블인 LD & K 등이 메신저 LINE과 함께 라이브 하우스의 정기 구독 서비스 지원에 나서는 등 라이브의 온라인화는 각 방면에서 추진되고 있다. 이 '정기 구독 LIVE'는 다양한 라이브 하우스의 연주를 월정액 요금제로 다시 보기 할 수 있는 서비스이다.

서던 올스타즈

앞으로 오프라인 라이브에서는 할 수 없는 채팅이나 태국의 페스티벌처럼 관객 한 사람 한 사람을 화면에 비춰 일체감을 연출하는 쌍방향 장치가 중요해진다. 그런 의미에서 줌 엔터테인먼트는 활용 가능성이 있는 발상이다.

일본에서는 젊은 팬들을 중심으로 아이돌 그룹과 더 가까워지기 위한 다양한 시도가 진행되고 있다. 앱을 사용해 자신이 가장 좋아하는 아이돌의 등신대 패널을 직접 제작하는 등 눈물겨운 노력을 하고 있다. 그에 비해 기획사 측은 팬과 아티스트를 가깝게 하려는 노력이 부족한 것 같다. 여기에 줌이 해결책이 될 수 있다. 오프라인 콘서트가 전면적으로 부활해도 온라인과 연계해 하이브리드 콘서트를 개최하면 티켓을 구입하지 못한 팬들도 즐길 수 있고, 주최 측은 수익 증대를 기대할 수 있다. 해외에서도 온라인으로 쉽게 접속할 수 있어 K-POP에 비해 해외 인지도가 낮은 일본의 아이돌이 세계로 진출하는 기회가 될 수도 있다.

"

TOPIC 08
플로링 시네마

BEFORE 영화관에 모여 감상

AFTER 극장은 '운하', 관객석은 '보트'

현상 물 위의 극장, 플로링 시네마

프랑스 파리의 센(Seine)강에서는 2020년 7월 지역민 150명을 대상으로 옥외 영화 이벤트 '시네마 쉬르 로(Cinéma sur l'Eau)'가 개최됐다. 관객석이 보트인 게 특징으로 38척의 소형 보트에 가족이나 친구끼리 2명, 4명, 6명의 그룹으로 나눠 타고 편안하게 영화를 감상했다. 영화관 2개를 운영하는 MK2가 공동 주최사

시네마 쉬르 로

로서 참가했다. 당일에는 MK2의 큐레이터가 선정한 질 를르슈 감독의 작품 '수영장으로 간 남자들(Le Grand Bain)'이 상영됐다. 인생의 벼랑 끝에 몰린 중년 남성들이 수중 발레에 도전하는 유쾌한 작품이다.

분석 멋진 체험이 파리 젊은이들에게 인기

센강이나 바쌍 드 라 빌레뜨(Bassin de la Villette) 강변에서 매년 펼쳐지던 도심 인공 해변 이벤트 '파리 플라주'가 코로나 사태로 개최되지 못한 가운데, 보트에서 거대 스크린을 통해 영화를 감상하는 전대미문의 이벤트가 열렸다. 밤의 장막이 내려진 가운데 보트를 타고 물 위에서 영화를 감상하는 체험으로, 멋지고 새로운 것을 좋아하는 파리 청년들의 마음을 사로잡았다.

위기는 기회다!

일본에서도 공원 호수에 보트를 띄우거나 놀잇배 야가타부네(屋形船)에서 연회 또는 불꽃놀이 감상을 하는 등 수상 오락을 즐기는 문화가 정착되어 있다. 이런 기존 엔터테인먼트를 발전시켜야 한다. 이를테면 파리처럼 호수에 대형 스크린을 설치해 영화 감상 이벤트를 제공하는 것을 고려해 볼 수 있다. 무대를 설치해 라이브나 토크쇼 이벤트를 하는 것도 괜찮을 것이다. 건물 밖의 개방된 공간에서 타인과 거리를 유지하기 때문에 감염도 예방하고, 수상 공간이라는 특별함도 누릴 수 있다.

수상뿐 아니라 공원 활용도 일본의 과제이다. 도쿄에서는 코로나 사태 중에 젊은이들이 심야의 공원에 모여 술자리를 벌이는 일들이 벌어져 비판을 받았다. 그러나 감염 대책을 확실히 세운다면 큰 공원이나 도쿄의 강은 휴식처가 될 수 있다. 무조건 집회를 막지만 말고 공원이나 강을 잘 활용해서 스트레스 해소의 장으로 만드는 것이 더 효율적이다. 캠핑이나 모닥불 등 아웃도어와 음악, 영화, 연극과 같은 콘텐츠를 연계하는 식의 융합을 통해 새로운 놀이를 창출하는 것이 가능하다.

TOPIC 09
함께 즐기는 OTT

BEFORE 따로 영화를 보고 나중에 감상을 서로 나누다

AFTER 연인이나 친구와 각자의 집에서 함께 감상

현상 영화를 보면서 그룹 채팅

넷플릭스 제작, 샤를리즈 테론 주연의 영화 '올드 가드'는 전 세계에서 4주간 7,200만 세대가 시청했다. 2021년 공개된 이정재 주연의 한국 드라마 '오징어 게임'은 17일 만에 1억 1,100만 세대가 시청했다. 이런 히트작들이 나오는 가운데 록다운 중인 영국에서는 멀리 떨어져 있는 연인이나 친구들이 그룹 채팅을 하면

서 넷플릭스 작품을 볼 수 있는 서비스 '넷플릭스 파티'가 유행했다. 2020년 10월에는 '텔레파티(Teleparty)'로 명칭이 변경되면서 넷플릭스뿐 아니라 디즈니 플러스, 훌루, HBO 같은 타 OTT 플랫폼에도 대응하는 등 범용적인 서비스가 됐다.

캐나다의 '레이브(Rave)'는 텔레파티보다 폭넓은 기능을 갖추고 있다. 컴퓨터나 스마트폰으로 친구들과 함께 영상 및 음원 콘텐츠를 시청하면서 텍스트나 음성으로 채팅할 수 있다. 넷플릭스 외에도 유튜브, 비메오, 레딧, 구글 드라이브 등 다양한 소스로 콘텐츠를 공유할 수도 있다. 친구들만 참가할 수 있는 채팅방을 만들거나 호스트로 누구나 이용할 수 있는 공개 채팅방을 만들 수도 있고, 검색을 통해 참가할 수도 있다. AI로 선택한 두 개 이상의 곡을 합성할 수도 있다.

분석 친구와 서로 감상을 나누는 즐거움을 재현

코로나19로 영화관에 가거나 친구 집에 모일 수 없게 됐다. 동료와 함께 같은 작품을 보는 기회가 상실됐다. 꿩 대신 닭이라고 그 대용으로 사용된 것이 텔레파티나 레이브다. 실시간으로 같은 작품을 감상하는 것으로 일체감을 맛볼 수 있고, 시청 도중이나 완료 후에 채팅으로 감상을 서로 이야기하는 즐거움도 얻을 수 있다.

위기는 기회다!

집에서 영화를 감상하는 것은 지상파든 DVD나 블루레이든 나 홀로 아니면 가족 단위가 기본이다. 이는 비디오 대여점 시대부터 변치 않는 이론이었다. 그런데 텔레파티와 레이브에 의해 당연했던 스타일에 변화가 생기고 있다. 재택 영화 감상이 멀리 떨어진 누군가와 함께 즐기는 엔터테인먼트로 탈바꿈하고 있다.

앞으로 영화관에 가듯 미리 약속하고 떨어져 있는 친구와 함께 작품을 보거나 SNS에 모여 버추얼로 영화 감상회를 가질 수 있다. 시청이 끝나면 술을 마시며 서로 감상을 이야기하거나 여운에 젖는 이벤트 등도 개최할 수 있다.

텔레파티는 일본에서도 많은 청년들이 활용하고 있어 같은 영화를 보고 채팅하는 모습은 일상이 됐다. 여러 미디어 업계는 청년층의 이런 트렌드인 '친구와 공유하며 즐긴다'는 것을 고려하지 않아 매출이 줄고 있다. 미디어 업계가 내리막을 걷고 있는 지금이야말로 '친구와의 공유'를 염두에 두고 새롭게 대처해야 한다.

Topic 10
게임과 현실의 교류

BEFORE 비디오게임은 단순한 오락

AFTER 가상공간에서의 소비나 생활이 본격화

 현상 외출 제한으로 소셜 게임이나 VR이 발전

팬데믹으로 외출이 제한되면서 마이크로소프트, 닌텐도, 소니 등 대형 게임회사들의 매출이 전 세계적으로 크게 늘었다. 특히 '게임판 넷플릭스'로 일컬어지는 마이크로소프트의 정기 구독 서비스 '엑스박스 게임 패스'가 대히트했다. 이는 언제든 100종 이상의 게임을 다운로드할 수 있는 서비스인데 친구와 온라인으로 게임을 같이 즐길 수 있는 '엑스박스 라이브' 이용도 덩달아 폭증했다.

영국에서는 게임 플레이어를 찾아 함께 플레이하며 교류할 수 있는 SNS인 '누블리(noobly)'가 유행하고 있다. 등록자의 프로필과 평소 즐겨하는 게임을 확인한 뒤 초대해서 함께 플레이할 수 있다. 플레이를 하는 동안 보이스 채팅을 통해 얘기도 나눌 수 있어 게임을 매개로 한 만남의 장도 되고 있다. 게임을 통한 사람과의 연결이 전통적인 친구 만들기의 틀을 깨고 있다.

게임 내 가상공간을 이용한 새로운 비즈니스도 주목받고 있다. 세계적으로 인기를 모은 '모여봐요 동물의 숲'에서는 패션 브랜드 마크 제이콥스가 예전 컬렉션으로 발표했던 양복 디자인을 게임 내 복장 데이터로 배포, 캐릭터가 착용할 수 있도록 했다. 또 뉴욕의 메트로폴리탄 미술관은 소장 작품을 동물의 숲 내의 집 인테리어에 사용할 수 있도록 다운로드 서비스를 제공했다. 영국의 인테리어 기업인 올림피아는 전문가가 집 인테리어 코디네이트를 지원하는 서비스를 유료로 시작했다. 코로나 사태로 결혼식을 할 수 없게 된 사람들을 위해 크리에이터가 결혼식 전문 섬을 만들어 전 세계 이용자가 방문해 게임 내 결혼식을 올리기도 했다.

인기 게임 '포트 나이트'에서는 2020년 4월 래퍼 트래비스 스콧이 게임 내 공간에서 버추얼 라이브를 열었는데, 동접자 수 1,230만 명이라는 경이적인 기록을 세웠다. 그해 8월에는 싱어

송라이터인 요네즈 겐시(米津玄師)도 버추얼 라이브를 진행했다. 이렇듯 게임 내 가상공간에서 현실 세계의 비즈니스가 그대로 재현되는 사례가 잇따르고 있다.

분석 **온라인에서 현실을 즐기며 교류**

친구나 동료와 동시 접속으로 즐길 수 있는 온라인게임은 일상이 됐다. 게임을 하면서 실시간 채팅이나 음성으로 대화할 수도 있고, 자신의 분신인 캐릭터를 통해 현실감 넘치는 교류도 할 수 있다. 코로나 상황 속에서 친구와 연결되는 귀중한 장이 됐고, 현실 대체 수단으로 이용이 급증했다. 버추얼 라이브는 게임 공간만이 연출할 수 있는 몰입감을 체험할 수 있고, 유저가 공간 속을 자유롭게 돌아다니며 가상 라이브 페스티벌 회장에서 다른 유저와 함께 즐길 수도 있다는 점이 지지를 모으고 있다.

위기는 기회다!

　앞으로 온라인게임 공간은 현실과 별개의 사교장이 되어 새로운 소비나 활동이 창출될 것이다. 실제 홍콩에서는 동물의 숲 게임 속에 사람들이 모여 중국 정부를 비판하는 버추얼 시위를 진행하기도 했으며, 미국에서는 동물의 숲 내 커뮤니티를 대상으로 각종 정치 활동을 하는 사례도 쉽게 찾아볼 수 있다. 현실과 마찬가지로 유료로 물건을 사고파는 것은 이미 실현이 됐다. 기업은 광고 활동이나 게임 내 아이템 판매 등 본격적인 수익 사업 모델을 발굴하고 있다. 앞으로 게임 내 가상공간도 소비를 둘러싼 전쟁터가 될 것이다.

동물의 숲

　게임 대국인 일본은 중대한 국면을 맞이했다. 게임 속에서 소비하거나 광고를 보게 하는 등 게임을 중심축으로 한 다양한 비즈니스를 활성화하면서 업계를 초월하는 파급 효과를 내야 한다.

TOPIC 11
버추얼 코믹 마켓

BEFORE 입장을 위해 길고 긴 줄서기

AFTER 온라인에서 버추얼 코믹 마켓을 만끽

현상 | VR 공간에서의 이벤트가 인기

2020년 4월 29일부터 5월 10일까지 커뮤니티게임 'VR챗'의 가상현실 공간에서 개최된 이벤트 '버추얼 마켓 4'에는 71만 명 이상이 참가했다. '기업 참가'와 '일반 크리에이터 참가'로 구분됐는데, 기업은 43개사, 일반 크리에이터는 1,400개 부스를 꾸렸다. 세븐일레븐이나 이세탄(伊勢丹) 백화점은 가상 점포를 출점하는 등 대기업도 적극 동참했다. 방문자는 회장에 전시된 3D 아바타나 3D 모델 등을 자유롭게 조작하거나 감상하며 마음에 들면 구매할 수도 있다. 아바타가 착용하는 의류나 잡화도 구입할 수 있는데 일례로 이세탄은 아바타용 유리구두나 하이힐 등을 1,000~2,000엔에 판매했다.

같은 해 4월 10일부터 12일까지 열린 동인지 판매 이벤트 '코믹 브이켓 0(제로)'는 약 2만 5,000명이 찾았으며 VR이 생소한 일반 참가자들을 위해 VR 기기뿐 아니라 PC나 스마트폰에서도 즐길 수 있도록 환경을 갖추었다. 이어 8월 13일~16일에는 '코믹 브이켓 1'이, 2021년 4월 29일~5월 5일에는 동인 게임 전시회 '게임 브이켓 0'가 VR 공간에서 개최됐다.

분석 어디에서든 접속 가능

엔터테인먼트 분야에서 박람회나 전시회가 잇따라 중지된 가운데, 세계 최대 규모의 동인지 판매 이벤트인 코믹 마켓을 운영하는 단체가 발 빠르게 움직였다. '버추얼 마켓'이 대표적으로 교통비도 들지 않고, 회장 밖에서 길게 줄을 설 필요도 없다. 전세계 어디서나 간편하게 방문할 수 있는 버추얼 이벤트의 가능성을 보여 줬다.

위기는 기회다!

일본은 엔터테인먼트 비즈니스가 자국에 한정돼 있어 세계로 활동 무대를 좀처럼 넓히지 못하고 있다. 한국은 한류 드라마를 중국이나 동남아시아권 방송국, 넷플릭스로 판로를 넓히면서 글로벌화하고 있는데 일본 애니메이션은 내수 시장에 머물러 있다. 최근 넷플릭스에서도 수요가 늘고 있기는 하지만 기본적으로는 내수 시장 전개가 메인이다. 애니메이션 강국인 일본이 정작 자국의 무기를 제대로 활용하지 못하고 있다. 코로나와 상관없이 글로벌 시장 개척 정신을 가져야 한다.

온라인 코믹 마켓 같은 엔터테인먼트 분야의 버추얼 이벤트에서 일본은 기술이나 노하우, 실적 면에서 세계를 리드하고 있다고 해도 과언이 아니다. 대기업도 관심을 가지고 있기에 앞으로도 선두 진영의 위치를 유지하며 확장해 나갈 가능성이 크다. 기업 측도 적극적으로 참가해 노하우를 쌓아 두는 것이 중요하다.

이들 기술이나 서비스를 다른 비즈니스에 활용한다면 온라인 비즈니스 전시회나 상담회가 안성맞춤이다. 기존 전시회나 상담회는 세계 각국에서 오프라인 대면으로 진행됐지만 코로나 사태로 오프라인 대면이 제한되면서 온라인화가 급물살을 탔다.

고객에게 상품이나 서비스 소개, 비즈니스 제안을 제공할 수 있을 뿐 아니라 버추얼 코믹 마켓을 본떠 엔터테인먼트 요소를 가미한 비즈니스 전시회를 기획한다면 더욱 많은 차별화도 기할 수 있다.

2020년 12월 18일부터 2021년 1월 10일까지 개최된 버추얼 마켓 5 홍보 포스터

TOPIC 12
아바타 스포츠 관전

BEFORE 경기장에서 직접 시합 관전

AFTER 화면 저편에서 아바타로 응원

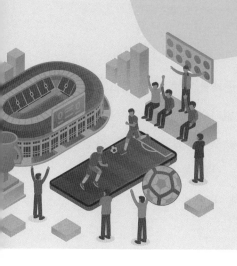

현상 대형 스크린에 1만 명 관객 투영

세계 각국의 프로 스포츠가 무관중으로 재개된 가운데, 덴마크 오르후스를 거점으로 하는 축구팀 '오르후스 GF'는 경기 관람에 줌을 도입했다. 1만 명의 팬이 줌 회의 기능을 통해 온라인으로 시합을 관전할 수 있도록 했는데 선수들도 흥이 나도록 필드 주위에 온라인 관객들의 모습이 보이는 대형 스크린을 설치하고 줌 전용의 관리자를 배치해 부적절한 언동을 한 팬은 강제 퇴장시켰다. 원격 관전의 새로운 스타일로 주목을 받았다.

새로운 원격 관전의 형태

무관중 시합에서 선수들은 팬의 존재를 인식할 수 없고, 팬들은 선수들과의 일체감을 느낄 수 없다. 이럴 때 줌을 사용하면 선수들은 팬들이 응원하는 모습을 볼 수 있고, 팬들도 자신들의 응원이 선수들에게 힘이 된다는 것을 화면을 통해 실감할수 있다. 쌍방향성과 일체감을 구현해 내어 버추얼 관전 가능성을 확대했다.

> ## 위기는 기회다!
>
> 일본 야구계에서는 요코하마 DeNA 베이스타즈가 온라인상에 '버추얼 요코하마 스타디움'을 개설했다. 팬들이 아바타

로 가상공간 구장에 입장해 그라운드의 대형 스크린을 통해 야구를 관전하는 시스템으로, 합계 약 3만 명이 참여했다.

무관중 스포츠를 고려해 덴마크 축구팀 같은 시스템을 시범적으로 도입하거나 하드웨어와 소프트웨어를 포함해 해당 시스템 자체를 패키지화하여 각종 스포츠 경기가 무관중으로 치러지는 상황이 발생했을 때 곧바로 대응하는 등 다양한 방안을 검토할 수 있다.

애프터 코로나 시대는 75세 이상 고령자나 간호 대상자 증가로 헤이세이(平成, 1989년 1월 8일~2019년 4월 30일) 시대 이상의 고령화 시대를 맞이하게 된다. 오프라인에서 응원하고 싶어도 할 수 없는 고령자들이 늘어나기 때문에 집에서 움직이지 않아도 버추얼로 관전할 수 있는 기능은 한층 더 중요해진다.

도쿄올림픽과 같은 규모의 무관중 경기나 사회적 거리두기를 확보해야 하는 스포츠 이벤트와 관련해 운영 기술, 경험치를 다음 시대에 활용하는 지혜가 필요하다. 버추얼 참가는 스포츠에 국한된 이야기가 아니다. 국가 추진 방침인 IR(복합 리조트) 카지노 사업이나 MICE(전시나 박람회 등) 사업 등에도 적용할 수 있다.

TOPIC 13
우주여행

BEFORE 최고의 가족 오락은 해외여행

AFTER 살면서 한 번쯤은 우주여행

 현상 약 1억 6,800만 원으로 우주를 6시간 비행

미국에서는 차세대 여행 프로젝트가 시작됐다. 우주여행 전문 신생 스타트업인 스페이스 퍼스펙티브(Space Perspective)가 추진하는 투어로, 우주 기구를 타고 민간 우주비행의 약 3배 고도에 해당하는 30km 이상을 비행한다. 2024년 말 발사 예정인데 NASA의 케네디 우주센터에서 일출 전에 출발하며 비행 시

간은 6시간 전후로 이루어질 전망이다. 거의 제로 에미션(Zero Emission, 탄소나 폐기물 무배출 시스템)으로 항행하며, 지구의 다채로운 모습을 마음껏 감상할 수 있다. 예상 요금은 1인당 12만 5,000달러이다.

 꿈의 체험이 점점 현실로

코로나 확산으로 해외여행은 커녕 국내 원거리 여행도 자숙하게 되면서 여행 욕구가 높아진 가운데 꿈의 우주여행이 많은 사람들을 마음을 사로잡았다. 홈페이지에서 비행 예약도 할 수 있게 되면서 사람들은 꿈이 아닌 현실로 우주여행을 실감할 수 있게 되었다.

스페이스 퍼스펙티브가 추진 중인 우주 기구 프로젝트

스페이스X의 우주선 발사

위기는 기회다!

　일론 머스크 산하 우주 탐사 기업 스페이스X는 2021년 9월에 세계 최초로 민간 우주선 발사에 성공해 세간을 들썩이게 했다. 스페이스X는 온라인 의류 통신판매 대기업 조조(ZOZO)의 창업자 마에자와 유사쿠(前澤友作)와 달을 순회하는 우주여행 계약을 체결한 것으로도 유명하다. 우주선의 안전성이 높아질수록 우주여행은 실생활과 더욱 가까워질 것이고, 여행 요금이 수천만 원 대로 내려간다는 전제하에 일반인들도 조금 무리를 한다면 즐길 수 있게 된다. '살면서 한 번쯤은 우주여행'이 현실이 되는 것이다. 그렇게 먼 미래가 아닐지도 모른다. 일본에서는 우주 여행사 버진 갤럭틱(Virgin Galactic)의 일본 공식 대리점인 클럽 투어리즘 스페이스 투어즈가 1인당 45만 달러의 요금으로 2022년 말에 운항 예정이다.

버진 갤럭틱의 우주선

사치의 개념이 바뀐다

일류 레스토랑의 코스요리를 집에서 가족과 함께 조리,
또는 커피를 스스로 만들어 여유롭게 음미하는 홈 카페,
집에서 가정 텃밭이나 양봉, 그리고 직장과 주거를 캠프장으로
옮긴 신노마드족, 공통점은 고액 상품이나 서비스가 아니라
쾌적하게 보내는 '시간'이 곧 사치라는 발상이다.
코로나19로 사람들의 가치관이 크게 바뀐 것이다.

TOPIC 01
코스 요리 배달

| BEFORE | 고급 레스토랑에 가서 저녁을 만끽 |
| AFTER | 집에서 유명 식당 요리를 완벽 재현 |

현상 인기 레스토랑의 코스 요리를 집에서 재현

네덜란드에서는 미슐랭 스타를 받은 레스토랑의 코스 요리를 집에서 간편하게 '완벽 재현'할 수 있는 식재료 키트 배달 서비스 '쿡 라이크 어 셰프'가 화제이다. 푸아그라나 트뤼프, 캐비어, 랍스터 등 엄선한 고급 식재료와 누구나 손쉽게 만들 수 있는 설명서가 함께 들어 있다. 홈페이지에는 조리 방법을 촬영한 동

영상도 공개되어 있다. 집에서 최고의 요리를 만들어 가족과 함께 호화로운 코스 요리를 즐길 수 있는 새로운 체험을 제공한다

분석 함께 요리해서 먹는 즐거움

일본에서도 미슐랭 스타가 붙은 레스토랑이 계열 체인점에서 테이크아웃이나 배달 요리를 제공하는 사례는 있지만 네덜란드의 레스토랑은 요리가 아니라 식재료 키트를 배달한다는 점에서 차이가 있다. 단순히 먹는 데 그치는 것이 아니라 가족이 함께 조리를 즐기는 시간도 제공한다. 파티 코스, 채식주의 코스, 크리스마스 코스 등 다양한 종류가 준비되어 있는데 선택한 코스 요리에 맞는 와인이나 초콜릿 등도 주문할 수 있는 등 호화로운 외식 체험을 집에서 재현할 수 있도록 세심하게 배려한 옵션도 마련되어 있다.

위기는 기회다!

　호강의 개념이 기존의 '고급 레스토랑이나 고급 식재료를 맛보는 것'에서 '가족이나 친구와 함께 조리해서 맛을 즐기는 시간이야말로 럭셔리'라는 것으로 바뀌고 있는 것이 최대 포인트이다.

　일본에서도 도시락 배달 업체 유이젠이 다양한 유명 요리점이 만든 고급 도시락을 배달하는 서비스를 시작했다. 재택 시간이 늘면서 조리에 흥미를 갖는 사람도 많아지고 있다. 레시피 검색 사이트 '쿡패드'나 레시피 동영상 앱 '쿠라시루'의 이용

자가 증가한 점에서도 확인할 수 있다. 재택 조리와 관련해서는 밀키트 택배 시장이 성장하고 있지만 고급 레스토랑 코스를 재현할 수 있는 식재료 키트는 미개척 영역이다. 고급 요리와 집조리를 접목하는 서비스를 발굴해 볼 만하다. 음식점에서 직접 식재료 키트 배달 서비스를 해도 좋고, 고급 코스 식재료 키트 배달 전문 플랫폼을 만들어 레스토랑을 대상으로 마케팅이나 조리 방법 동영상 제작을 지원하는 서비스도 유효할 것이다.

영국에서는 왕실에 식료품을 납품하는 고급 슈퍼마켓 체인 '웨이트로즈'가 밸런타인데이용 밀키트를 20파운드(약 3만 원)에 내놓았다. 메뉴는 애피타이저, 메인 2종, 디저트와 와인 또는 상자 초콜릿 중 하나로 구성되어 있다. 이처럼 특별한 날을 위한 밀키트를 제공한다면 수요가 있을 것 같다. 또 일본에 거주하는 외국인이 약 300만 명이라는 점을 고려하면 채식주의자용 밀키트나 이슬람교도를 대상으로 한 할랄용 밀키트 같은 특화 상품도 검토할 만하다.

TOPIC 02
홈 카페

현상 **달고나 커피가 영국에서 대유행**

    도시 봉쇄 중인 영국에서 한국발 음료 '달고나 커피'가 대유
행했다. 인스턴트커피, 설탕, 뜨거운 물을 1:1:1의 비율로 휘저어
만드는 쫀득한 크림을 우유에 얹으면 완성된다. 종주국인 한국
에서는 인기 아이돌 트와이스가 자작 동영상을 올린 것이 계기
가 돼 확산했고, 이 트렌드가 전 세계로 퍼지면서 영국에서도

순식간에 보급됐다. 부모와 자녀가 함께 만드는 즐거움도 있고, 세련된 이미지로 카페 같은 분위기를 연출할 수 있는 점도 인기 비결이다. 일본에서도 청년층을 중심으로 히트, 한때 SNS에 관련 영상이 넘쳐났다. 우유를 아몬드 우유나 두유로 바꿔 웰빙을 추구해도 좋고, 마시멜로나 얼음 같은 토핑으로 보다 돋보이게 하거나 맛을 바꿔가며 음미하는 것도 유효하다. 커피를 말차나 코코아로 하는 등 변화의 폭도 넓다.

분석 **집에 있는 시간을 잠깐의 사치로**

포인트는 ①손쉽게 자작할 수 있는 점, ②집에서 상비하고 있는 식재료만으로도 만들 수 있는 점, ③돋보이는 이미지로 SNS에 투고하고 싶어지는 점, ④'홈 카페'의 단골 메뉴로 카페만의 분위기나 시간을 집에서 만끽할 수 있는 점이다. 달고나 커피는 이 4개의 요소를 충족하기 때문에 폭발적인 인기를 얻었다.

위기는 기회다!

일본의 홈 카페에서는 한국발 딸기우유 '생딸기우유'도 청년층 사이에서 유행했다. 생딸기를 잘게 썰어 그래뉴당과 잘 섞은 뒤 우유를 붓고, 대충 자른 딸기를 토핑한 음료다. 딸기 소스와 우유 층이 깨끗하게 나뉘어 인스타그램 사진으로 그만이다.

일본 청년층은 한국 트렌드 영향을 쉽게 받기 때문에 한국에서 유행한 홈 카페 음료나 음식을 청년들이 쉽게 만들 수 있도록 식재료 세트를 판매하는 것이 하나의 사업이 될 수 있다. 홈 카페로 히트한 것은 카페 메뉴나 편의점 상품으로 제공하는 것도 하나의 방법이다.

음료나 음식뿐만이 아니다. 이를테면 카페 분위기를 낼 수 있는 컵이나 받침 접시 같은 식기, 식탁보, 깔끔한 테이블이나 의자, 램프 등을 '홈 카페용 패키지'로 판매하는 것도 하나의 비즈니스 아이템이 될 수 있다.

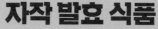

TOPIC 03
자작 발효 식품

BEFORE 낫토나 요구르트는 가게에서 조달

AFTER 건강 음식, 홈 메이드 시대로

 현상　중국에서 발효 가전 인기

　중국에서는 집에서 요구르트나 낫토(納豆)를 만들 수 있는 발효 가전이 인기다. 발효 식품의 면역력 증강과 가족이 집에서 함께 만들 수 있는 즐거움이 호평을 받고 있다. 조리 가전 메이커인 '샤오슝(小熊)'이나 '지우양(九陽)' 등이 판매하고 있다. 샤오슝의 미니 발효기는 99위안(약 1만 9,000원)으로, 중국 최대 전자 상거래 업체 '티몰(天猫)'에서 월 1만 4,000대 가량 팔렸다.

분석 바쁜 도시 생활자에게 안성맞춤

이 기기는 발효기 한 대로 요구르트도 낫토도 만들 수 있는 범용성이 장점이다. 요구르트를 만들 때에는 우유에 요구르트균 파우더를 섞고, 낫토를 만들 때에는 생 대두와 낫토균을 넣는다. 발효기가 온도나 발효 시간 등을 자동으로 체크·설정하기 때문에 바쁜 도시 생활자도 어렵지 않게 사용할 수 있다. 요구르트는 버튼으로 신맛을 조절할 수 있다.

위기는 기회다!

일본에서도 코로나 속에서 낫토나 요구르트 등 발효 식품을 매일 섭취하는 사람이 상당히 많다. 가전 양판점에는 이미 '면역력 향상을 위한 요구르트 메이커' 등 발효 가전 코너가 마련돼 있다.

무인양품(無印良品·무지루시료힌)에서 판매하는 자루 모양의 발효 장아찌가 대히트하는 등 발효 식품 자작 수요도 높다. 무인양품의 발효 장아찌는 용기가 필요 없고 매일 휘저어 뒤섞는 수고를 하지 않아도 된다. 야채만 넣으면 되기 때문에 쉽게 절일 수 있다. 이외에도 간장, 된장, 아마자케(甘酒), 젓갈 등 다양한 발효식품이 있다. 일본은 실로 발효 식품의 보고라고 할 수 있다. 맛있게 스스로 만들 수 있는 발효 가전을 개발하면 호평을 받을 가능성이 있다.

또 코로나로 핫케이크 믹스 매상이 크게 늘고, 집에서 가족과 함께 만들 수 있는 크레페 메이커 등 캐주얼 가전에 대한 니즈도 높아지고 있다. 마케팅 측면에서 단순히 발효 식품을 만들 수 있다는 것을 넘어 '집에서 가족과 함께 만드는 즐거움'을 어필하는 것도 히트 상품 개발의 키워드가 될 수 있다. 단순히 만드는 것에 그치지 않고 발효도, 만듦새, 맛 등을 세세하게 설정할 수 있는 고급 발효 가전을 개발·판매하면 더욱 성공할 확률이 높아질 것이다.

TOPIC 04
신선한 식품의 새로운 조달법

BEFORE 엄선된 야채를 오프라인 매장에서 구매

AFTER 야채의 자급자족과 고스트 편의점 등장

현상 가정 텃밭이나 신선 식품 배달 인기 상승

미국에서는 '집콕' 생활이 계속되면서 채소 씨앗을 판매하는 '버피 시드(Burpee Seed)'나 가정 텃밭을 가꾸는 방법을 알려 주는 온라인 코스 '오리건 주립대학교의 정원사 석사과정'의 수요가 급신장하고 있다.

집에서 보내는 시간이 증가한데다 식재료 조달 우려로 스스

로 야채를 길러 '자급자족'으로 불안을 해소하려는 생활자가 늘었기 때문이다. 지금까지 정원 가꾸기나 가정 텃밭에 관심이 없던 층이 흥미를 보인 점이 특징이다.

독일 식료품 배달 스타트업인 '고릴라스(Gorillas)'의 이용도 확대되고 있다. 고릴라스는 특정 로컬 지역에 10분 이내에 신선한 식료품을 배달한다. 타깃은 요리하는 와중에 중요한 재료를 구입하는 것을 깜빡한 사람이나 매주 신선한 식료품을 매입할 필요가 있는 점포 등이다. 심야에도 주문 가능하며, 회사 이름에 맞춰 고릴라 복장을 한 배달원이 배달한다. 이런 식료품 배달 전문 업체는 최소한의 요리사와 주방공간, 장비만으로 불필요한 비용을 절감해 운영하는 고스트 식당에 빗대어 고스트 편의점이라고 할 수 있을 듯하다. 뉴욕이나 런던, 필라델피아 등에서도 등장했다.

분석 ｜ 자연과 접촉하며 몸을 움직이는 세러피 효과

도시 거주자들은 가정 텃밭을 처음 가꾸게 되면 농업의 중요함도 알게 되는 데다 땅을 밟으며 몸을 움직이는 동안 릴렉스할 수 있고, 운동도 된다는 점에서 기쁨을 느낀다고 한다. 팬데믹에 대한 불안이 계기가 됐지만 그 즐거움을 깨닫고 앞으로도 계속할 수 있는 잠재적 고객층이 발굴됐다.

햇볕을 쬐며 땅과 접촉하는 행위는 정신적인 세러피 효과가 높다고도 한다. 가족과 함께 같은 작업을 하거나 자신이 기른 야채를 먹는 만족감이 코로나로 인한 불안을 크게 경감했다고 판단된다.

집에서 야채를 기르는 사람은 쇼핑하러 가는 빈도가 줄어들어 시간과 돈을 절약할 수 있고, 오피스에서 기르는 사람은 점심시간에 직접 재배한 야채를 먹거나 동료와 야채를 수확하면서 대화를 나누는 식으로 스트레스를 해소할 수 있는 등 이차적인 효과도 나타나고 있다.

또 집콕 생활로 가정에서 조리하는 것을 즐기는 사람들이 늘면서 신선 식품 배달 수요도 급격히 증가했다. 몇 분 안에 배달할 수 있는지를 다투는 초고속 배달 시대를 맞아 세계 대도시에서는 여러 스타트업이 서비스를 펼쳐 나가고 있다.

위기는 기회다!

일본에서도 가정 텃밭을 중심으로 한 자급자족이 새로운

시장으로 신장할 가능성이 높다. 건강 의식이 높아졌고, 집에서 보내는 시간을 충실히 하려는 경향도 짙어지고 있기 때문이다. 일본에서는 코로나를 계기로 살고 싶은 마을 순위도 도심에서 교외로 이동하고 있는 점이 방증하듯 도시를 떠나는 사람도 증가하고 있다. 도심에서 100km 이내로 이주하는 현상도 늘고 있다고 한다. 코로나19가 도쿄 집중 현상에 변화를 초래하고 있는 것이다. 이런 이주 층은 교외에서만 할 수 있는 자급자족에 흥미·관심이 클 것이다. 넓은 토지를 사용한 과일이나 야채 재배 강좌, 본격적인 농업 실천 프로그램 등 다양한 비즈니스를 시작할 호기가 도래했다.

도심 거주자들도 똑같은 니즈가 있다. 맨션의 베란다나 집의 작은 뜰에서도 기를 수 있는 조립형 미니 사이즈 밭이나 새싹, 마이크로그린 같은 누구나 간단히 재배할 수 있는 야채, 허브류의 수요 증가가 전망된다.

일본에서도 가정에서 조리하는 것 자체에 매력을 느끼는 사람들이 증가하면서 부족한 식료품을 빠르게 배달해 주는 '고스트 편의점'이 향후 유망한 비즈니스로 기대된다.

TOPIC 05
어번 가드닝

BEFORE 가정 텃밭은 일부 애호가의 취미

AFTER 하이테크 재배나 양봉 키트로 급확대

현상 집에서 양봉을 할 수 있는 벌통이 세계적으로 호평

인도네시아에서는 수도 자카르타 등 주요 도시에서 집에서 즐길 수 있는 취미를 찾는 사람들이 늘었다. 취미 중 하나로 인기가 급증한 것이 '어번(Urban) 가드닝', 즉 도심 속 가정 텃밭 가꾸기다.

이탈리아에서는 '비잉(Beeing)'이라는 업체가 집에서 양봉을 할 수 있는 신제품 '비박스(B-Box)'를 발표했다. 맨션 베란다에서 꿀벌을 기를 수 있는 벌통 상자로, 벌통에 충분한 양의 꿀을 남기고 여분의 꿀만 추출할 수 있도록 설계됐다. 벌통 측면은 유리로 돼 있어 아이들이 꿀벌 생태를 관찰할 수도 있다. 독자적인 디자인을 적용해 이용자는 벌에 쏘이지 않고 안전하게 꿀을 채취할 수 있다.

분석 도시 생활에 지친 청년들의 자연 회귀

대도시인 자카르타에서는 집에 정원이 없는 사람이 많다. 이 때문에 흙을 사용하지 않고 물과 액체 비료, 용기만 있으면 실내나 베란다 등에서 작은 텃밭을 가꿀 수 있는 수경재배가 인기를 끌고 있다. 손쉽게 식물을 기르면서 힐링 효과도 기대할 수 있는 점에서 도시 거주 청년층을 중심으로 순식간에 확산했다. 대량 재배해 야채를 판매하는 가족 모습도 볼 수 있다.

최근 10년간 급속한 경제발전과 도시 성장을 이룩한 자카르타나 방콕 등 신흥국 도시에서는 경쟁사회나 소득격차에 피폐해진 청년층을 중심으로 자연 회귀 경향이나 지방 도시 등으로의 이주 움직임이 이미 나타나고 있다. 코로나19가 단숨에 박차를 가했다고도 할 수 있다.

이러한 영향 때문인지 이탈리아에서 출시된 양봉 키트는 순식간에 인기가 확산, 지금은 세계 100개국 이상에서 매일 새로운 양봉가가 탄생하고 있다.

위기는 기회다!

코로나로 하이테크를 접목한 신시대의 수경재배 디바이스도 인기 급상승. 특히 미국 기업 에어로 가든의 수경재배 하이테크 키트가 히트했다. LED 조명과 고영양 비료로 일반적인 재배보다 5배 정도 빨리 양상추나 토마토, 허브, 꽃을 기를 수 있다고 한다. 제초제, 농약, 유전자 변형 종자를 사용하지 않는 안전성도 특징. 주문이 쇄도하면서 공식 사이트에서도 고액상품이 일시 품절될 정도로 활황을 띄었다. 미국에서는 그 외에도 벤처 기업 EDN이 월넛 목재와 LED 라이트바로 구성된 '스몰 가든'을 판매했다. 와이파이 접속기능을 갖추고 있어 스마트폰 앱에서 데이터를 얻어 식물을 관리할 수 있다. 자급자족 생활을 실현할 수 있는 이러한 디바이스는 실내에서 손쉽게 다룰 수 있고, 특히 거주공간이 좁은 일본에서는 비즈니스 기회가 될 수 있을 것 같다.

양봉 키트도 새로운 장르다. 꿀벌은 여간해서는 사람을 쏘지 않는다고 한다. 애완동물처럼 기르면 힐링도 될 뿐 아니라 꿀도 얻을 수 있다. 간단하게 취급할 수 있는 키트가 있으면 일본에서도 보급이 진전될 것 같다.

ēdn에서 판매하는 스마트 가든

TOPIC 06
일상생활 유튜버

BEFORE 유명인의 호화로운 동영상이 인기

AFTER 소박한 '일상생활 동영상'이 주목을 받는다

현상 슬로우 라이프 동영상 전송이 중국에서 인기

리쯔치(李子柒)는 중국 SNS에서 활약하는 대인기 비디오 블로거이다. 중국판 트위터로 불리는 '웨이보(微博)'에서는 팔로워 수가 2,750만, 중국에서는 접속이 어렵다고 하는 유튜브에서도 1,480만에 달한다. 한국에서는 김치 공정 논란으로 화제가 되기도 했으며 현재는 개인 사정으로 방송을 중단한 상황이다.

기존에 올렸던 영상들에서는 중국 시골에서 밭일이나 목수 일, 요리 등을 하는 모습을 담담하게 담아 전송했는데, 대사는 거의 없다. 하지만 그녀의 자연 속 슬로우 라이프가 코

유튜버 리쯔치

로나 사태속에서 도시 생활에 지치고, 자연 속 삶을 동경하는 청년들 사이에서 호평을 받으면서 인기를 얻었다.

분석 도시 삶에 지친 청년들에게 힐링을

리쯔치는 동영상에서 카메라를 신경쓰는 모습이나 웃는 얼굴도 보이지 않는다. 서바이벌 기술을 몸에 익힌 터프한 측면도 있다. 밭에서 채소도 직접 재배하고, 조미료도 밭에서 딴 야채 등을 사용해 만든다. 조리 때 볶음에 사용하는 기름도 직접 재배한 채소의 꽃에서 짜낸다. 모든 면에서 지금까지의 인플루언서 이미지와는 거리가 멀다.

비즈니스도 직접 한다. 2019년 판매를 시작한 전원 요리 식재료 키트는 코로나19로 외출 자제가 지속되면서 대히트했다. 이를

테면 뤄쓰펀(螺螄粉 · 우렁이 국수)은 '마스크보다 구하는 게 어렵다'는 하소연이 나올 정도로 인기를 끌었다.

위기는 기회다!

　일본에서도 자신의 생활 모습을 촬영해 질 높은 영상으로 전송하는 '일상생활 유튜버'가 젊은 세대에게 인기를 끌고 있다. 20대 남성 오쿠다이라 마사시(奧平眞司)가 도내에서의 아파트 삶을 담담하게 영상에 담은 '오쿠다이라 베이스' 채널이 좋은 예다. 오쿠다이라 베이스가 젊은 세대에게 인기를 끄는 것은 코로나19를 계기로 화려함과는 거리가 멀고, 돈이 들지 않는 소박한 생활에 매력을 느끼는 사람이 늘고 있기 때문이다.

　일본에서는 교외 이주가 늘고 있긴 하지만 여전히 대도시에 사는 사람이 많고, 청년층을 중심으로 도시의 삶에 피로감을 느껴 힐링을 구하는 경향은 강하다. 앞으로 SNS상의 커뮤니케이션도 자연이나 소박함을 느낄 수 있는 내용을 담아야만 시청자들의 마음을 사로잡을 수 있다.

TOPIC 07
프리스타일 레스토랑

BEFORE 예약하기 힘든 고급 레스토랑

AFTER 옥외의 손쉬운 와인바

현상 **세계 제일의 고급 가게가 옥외 와인바로**

덴마크 코펜하겐의 고급 요리점 '노마(noma)'는 세계적인 베스트 레스토랑으로 여러 차례 선정되었으며 미식가들도 동경하는 곳이다. 예약하기가 하늘의 별 따기로 유명했던 이 가게가 신종 코로나바이러스 감염 확대를 계기로 2020년 5월 완전히 새로운 비즈니스 모델로 탈바꿈했다. 호수를 바라보는 야외 와인

바 겸 테이크 아웃 가게로 오픈한 것이다.

메인 메뉴는 놀랍게도 심플한 햄버거. 창업자는 예약이 어려운 고급 레스토랑보다 친구와 가볍게 찾을 수 있는 캐주얼한 가게를 선택했다.

노마는 새로운 가게 'POPL'도 개업했다. 여기서는 자사 발효 실험실에서 손수 만든 덴마크산 오가닉 비프 파테(organic beef pate)와 베지테어리언·비건을 위한 식물유래 대체육(代替肉) 패티를 사용한 햄버거를 제공한다.

분석 캐주얼함과 유연성이 요구된다

지금까지는 세련된 가게에서 특별 접대를 받으며 고급스런 요리를 맛보는 것이 레스토랑의 가치로 여겨져 왔다. 그러나 코로나 사태를 겪으며 레스토랑의 본래 가치는 그런 딱딱한 격식 속에서 밥을 먹는 것이 아니라 편안한 마음으로 가볍게 즐기는 것이라는 사실을 서비스를 제공하는 측도 받는 측도 깨달았다. 중요한 것은 요리의 가격이 아니라 안심하고 쉴 수 있는 시간과 공간이다. 자연 속에서 와인을 마시며 이야기하는 스타일이 사람들의 니즈와 부합했다.

위기는 기회다!

　앞으로 세계 최고봉 수준의 요리 기술을 갖고 있으면서도 예약이 필요 없고 손쉽게 들를 수 있는 캐주얼한 스타일의 레스토랑 수요가 높아진다. 이를테면 고급 레스토랑이 세컨드 브랜드를 런칭해, 니즈를 충족하는 방법은 유효하다고 할 수 있을 것 같다. 그 경우 호수 주변이나 캠핑장 등 자연을 느낄 수 있는 야외에 가게를 오픈하는 것이 보다 부가가치가 높아지고, 수요에 부합할 가능성이 커진다.

　또 향후 레스토랑은 가볍게 즐길 수 있는 캐주얼함은 기본, 임기응변으로 영업 스타일을 바꿀 수 있는 유연함이 가장 요구될 것이다.

　도쿄 요요기우에하라의 프렌치 레스토랑 'sio'는 2021년 1월부터 긴급 사태 선언 속에서 아침에 조식용 풀코스를 즐길 수 있는 '아사디너(朝dinner·아침에 만찬)'를 시작했다. 요리와 세트인 논알코올 음료도 제공한다. 재택근무로 오전을 쉬는 등 일하는 방식을 조정할 수 있는 사람이 증가하면서 시도됐다.

TOPIC 08
온라인 술집

BEFORE 마음에 드는 술집에서 한잔
AFTER 집에서 즐기는 온라인 바

현상 **유명 맥주 회사가 온라인 바 오픈**

스코틀랜드의 인기 크래프트 맥주 메이커로 펍(pub·선술집) 체인도 운영하는 '브루독(BrewDog)'은 록다운으로 오프라인 술집에 갈 수 없는 맥주 애호가들을 위해 줌을 통한 '온라인 바'를 개설했다. 매주 금요일 열리는 이 온라인 술집의 참가 조건은 영국 음주 가능 연령인 18세 이상, 사전 온라인 등록, 브루독 맥주 사전 구입이다. 창업자 2명이 진행하는 '버추얼 퀴즈 대회(펍 퀴즈 대회는 영국에서 예전부터 열려온 이벤트)', 맥주 테이스팅, 라이브 음악 전송 등 다채로운 콘텐츠를 제공해 집에 있으면서도 오프라인 술집과 같은 흥취를 즐길 수 있다.

분석 **팬과의 교류와 특별한 시간을 제공**

퀴즈 대회 등 강력한 콘텐츠가 이미 뿌리를 내리고 있었고, 온라인상에서 가게 점원과 이야기할 수 있을 뿐 아니라 오프라인 바와 똑같은 오락을 체험할 수 있는 것이 주효했다. 브루독은 섣달그믐날 새해맞이 온라인 바를 진행하는 등 지금도 부정기적으로 온라인 바를 개최하고 있으며, 이는 팬을 끌어들이는 효과를 톡톡히 내고 있다.

위기는 기회다!

　일본에서도 기린 맥주가 온라인 회식을 개최하는 등 일시적인 이벤트는 있었지만 온라인 바를 상설하는 움직임은 감지되지 않는다. 이를테면 고정 팬이 있는 크래프트 맥주 메이커가 재즈나 밴드 라이브를 정기적으로 개최하고 있는 바와 협업, 브루독과 마찬가지로 자사 상품을 구매해서 참가하는 것을 조건으로, 생음악 전송이나 퀴즈 등의 콘텐츠를 제공하는 온라인 바 서비스를 전개하면 가게 지원이나 상품 PR에 효과적일 것이다.

　코로나19로 재택 혼술 수요가 늘었고 간혹 술자리 대화를 위한 줌 회식이 한때 인기를 얻기도 했지만 그것도 시들해지면서 '사람과의 커뮤니케이션'이 상실되고 말았다. 메이커가 공을 들인 상설 온라인 바를 주최하면 커뮤니케이션에 굶주린 맥주·와인 애호가들을 사로잡을 가능성이 높다.

　애프터 코로나에서는 온라인으로 가게 분위기를 알려 주고, 오프라인 가게 방문으로 이어지는 하이브리드형 바도 하나의 비즈니스 수단이 될 것이다.

TOPIC 09
디너 인 더 카

BEFORE 실내 공간에서 식사

AFTER 차 안에서 풀코스

현상 레스토랑 주차장에서 차 안 디너

뮌헨의 이탈리아요리점 '몬티(Monti)'는 부지 내 주차장을 활용한 서비스 '디너 인 더 카(Dinner in the Car)'를 제공했다. 홈메이드 라비올리나 크릴새우와 같은 통상 메뉴, 무알코올의 아페리티프(식사 전에 식욕을 돋우기 위해 마시는 술)나 드링크뿐 아니라 풀코스(39코스)도 주문 가능하다. 레스토랑에서 사용되는 것과 똑같은 식기, 미니 식탁보, LED 램프, 면 냅킨을 제공하기 때문에 자동차 안에서 고급 식사를 체험할 수 있다. 종업원은 전원 마스크, 장갑을 착용해 위생상 안전도 배려했다. 식사가 끝난 뒤 식기는 차 옆에 놓여 있는 작은 책상 위에 두면 되는 등 직접 접촉을 최소화했다.

 분석 ▶ 타인과 거리를 유지하면서 요리를 만끽

코로나로 타인과 함께 실내에서 식사를 하는 기존 스타일을 피하면서도 레스토랑 분위기를 느끼며 요리를 맛보고 싶은, 이율배반적인 수요가 늘었다. 이런 상반된 수요에 착안해 '자동차 안'이라는 프라이빗 공간을 활용한 것이 주효했다.

디너 인 더 카 서비스

위기는 기회다!

　일본에서는 배달이나 테이크아웃을 시작한 레스토랑이 눈에 띄게 늘고 있다. 이에 더해 제3의 서비스로 '디너 인 더 카'도 하나의 아이템이 될 것 같다.

　코로나로 '마이카'의 차 안이 가장 안전한 장소 중 하나라는 인식이 사회적으로 공유됐고, 이는 향후 팬데믹이 다시 일어났을 때도 유용하다. 코로나 이후 두 사람만의 공간을 즐기고 싶은 커플용의 특별한 서비스로 제공해도 좋다.

　미국에서는 멕시코풍 패스트푸드 대형 체인점인 치포틀레(Chipotle)가 전용 앱을 통해 주문하면 점포 근처에 정차한 차에 요리를 배달하는 서비스의 시범 운용에 들어갔다. 요리는 차 안에서 먹는 것뿐 아니라 다양한 방식을 모색하고 있다. 일본의 레스토랑에도 가게 안, 테이크아웃 외에도 차 옆까지 배달하는 등 다양한 서비스를 제공하는 것이 유효하다.

　한편 자동차 업계에서는 현재 '헬스·웰니스·웰빙'의 키워드가 주목받고 있다. 이를테면 차 안을 좌선(坐禪)에 적합한 곳으로 바꾸는 마인드풀니스(mindfullness·마음 챙김) 운동을 벌이거나 에어컨에 바이러스 박멸 기능을 탑재하는 움직임 등 차 안의 환경이나 디자인을 심신 건강과 결부시키는 방안이 가속화하고 있다. 앞으로 자동차는 단순한 이동 수단에 그치지 않는다. 보다 편안하게 휴식을 취할 수 있는 사적 공간으로 탈바꿈하면서 우리의 생활을 풍족하게 할 것이다. 이러한 인식이 일본에서 태동할 날도 그렇게 멀지 않았기에 차의 가치는 더욱 높아질 수밖에 없으리라 예상된다.

치포틀레가 제공하는 배달 서비스

TOPIC 10
전세 숙박

BEFORE 객실 이외는 숙박자들의 공유 공간

AFTER 플로어 통째로 전세 낸 사치 공간

현상 **전세 플랜과 재택근무 수요로 활로**

코로나19로 인한 여행이나 출장 자제로 숙박시설은 큰 타격을 입었지만 일본 국내외에 호텔이나 여관을 운영하고 있는 호시노(星野) 리조트는 팬데믹 이전부터 이에 대비한 여러 방안을 실행하고 준비해 왔다.

2020년 봄 호시노 리조트 산하 호시노야 교토에서는 1일 1팀

한정으로 테라스에서 꽃놀이를 즐길 수 있는 '방콕 꽃놀이 숙박' 프로그램을 제공했다. 다다미 16장 규모의 옥외 테라스를 전세 내 하루 종일 꽃놀이를 하면서 쇼카도 벤토(용기가 4칸으로 나누어진 도시락)나 칵테일을 음미하는 등 자유롭게 보낼 수 있다. 2020년 3월 25일부터 4월 10일까지는 다다미 4장 크기의 데크에서 야외 티타임도 가질 수 있었다.

이와 별개로 호시노야 도쿄에서는 한 층을 통째로 전세 내는 서비스를 시작했다. 각층 중심에는 거실 라운지를 갖추고 있어 법인들이 재택근무 활용장소로 이용할 수요도 예상된다. 재택근무가 지속되면서 사원 간 커뮤니케이션을 할 수 없는 기업들이 고급스런 공간에서 기분을 전환하고, 브레인 스토밍이나 전략회의, 팀빌딩(조직의 효율을 높이려는 조직개발 기법)을 하는 장소로도 긴요하게 사용될 것이다.

호시노야 도쿄에서는 일반인 대상 결혼 기념이나 졸업 기념, 법인 대상 창립 기념 등을 위해서도 객실 6개실이나 라운지를 24시간 자유롭게 사용할 수 있는 플로어 전세 서비스를 계속 제공하고 있다.

분석 **감염을 피하는 다양한 이용 형태를 제안**

숙박시설은 대부분 감염 대책에 충실하다. 평소 함께 지내고 있는 가족이라면 리스크는 더욱 줄고, 이용하는 데 어려움도 훨씬 적다. 집에만 틀어박혀 생활이나 일을 하는 것은 정신적으로도 한계가 있다. 다소 가격이 비싸더라도 한 번쯤 활용해 보고 싶은 의향이 싹트기 시작한 이유다.

위기는 기회다!

플로어 전세 서비스는 프라이빗 공간에서 특별한 휴식을 제공하기 위해 마련됐다. 코로나19를 계기로 가족과 함께 보내는 시간의 소중함이 재검토되는 가운데, 앞으로는 가족과 보내는 시간에 돈을 더 쓰는 경향이 강해지고 애프터 코로나 시대에서도 플로어를 전세 내는 비싼 서비스에 대한 수요는 더욱 높아질 가능성이 있다. 호시노야 도쿄는 코로나19와 상관없이 각 층에 공유 라운지가 마련돼 있다. 앞으로는 호시노야 도쿄처럼 숙박 이외에도 플로어 전세 서비스를 도입할 수 있는 호텔이 유망해질 것이다.

타깃을 확대해 청년층을 흡수하려 한다면 '늘 함께하는 사이 좋은 그룹'에 프라이빗 공간을 제공하는 발상도 유효하다. 젊은이들은 코로나 전부터 숙박 공유 서비스 에어비앤비(Airbnb)를 통해 교외의 독채 집을 빌려 동료와 함께 지내곤 했다. '동료와 함께 어울리고 싶다', '허물없는 친구들과 지내고 싶다'는 청년 특유의 마인드에 호응해, 1인 할인이나 가족 할인이 아니라 늘 함께하는 멤버들을 대상으로 한 '고정 멤버 할인'을 도입하면 이용자 수는 한층 더 확대될 것이다. 앞으로 이러한 '늘 함께하는 사이 좋은 멤버'를 타깃으로 숙박뿐 아니라 레스토랑이나 시설 이용 등 다양한 서비스를 제공하면 젊은이들의 마음을 사로잡을 수 있다.

호시노야 교토

TOPIC 11
듣는 콘텐츠

BEFORE 온라인에서는 동영상이나 영화가 주류

AFTER 무언가를 들으며 다른 업무를 진행

현상 **스테이 홈 지원 서비스가 인기**

세계적으로 스테이 홈이 확산하는 가운데, 미국에서는 집에서 보내는 시간을 알차게 하거나 지원하는 서비스가 히트하고 있다. 키친웨어 브랜드 '이퀄 파트'는 요리 시간을 보다 즐길 수 있도록 BGM의 플레이 리스트를 음악 전송 앱 '스포티파이'를 통해 제공한다. 단순히 상품을 제공할 뿐 아니라 요리 체험 가

치도 더욱 높여준다.

한편 집 주변 산책이나 집안일, 또는 이동 수단으로 마이카 이용이 증가하는 가운데, 다른 일을 하면서 시청할 수 있는 오디오북도 인기를 끌고 있다. 저자가 직접 낭독하는 방식(예: 미셸 오바마의 자서전《비커밍》이나 안소니 부르댕의《키친 컨피덴셜》등), 유명 배우가 낭독하는 방식(예: 메릴 스트립이 읽는〈제2의 연인〉) 등 종류도 다양하다. 미국 도서관과 제휴해 스마트폰이나 태블릿에서 무료로 오디오북을 빌릴 수도 있다. 유료 앱 '리비(Libby)'는 코로나 사태 속에서 다운로드 수가 대폭 늘었다.

분석 눈이 피로하지 않은 콘텐츠로 상업화 기회

최근 유튜브 동영상이나 영화 작품 등 온라인 콘텐츠가 풍부해지는 가운데, 눈의 피로 등 시력에 영향을 미치는 마이너스 측면도 지적을 받고 있다. 영상을 보면서 다른 것을 할 수 없는 점도 마이너스 요소다. 그 점에 비춰 보면 귀로 듣는 콘텐츠는 눈도 피로하지 않고 다른 일을 하면서 시청도 할 수 있기 때문에 상당히 효율적이다. 코로나19로 시간을 잘 활용하는 방법에 대해 고민할 기회가 많아진 가운데, 기왕이면 집안일이나 산책을 하면서 공부나 오락도 같이하고 싶다는 수요가 커졌다.

위기는 기회다!

　일본에서도 이전부터 오디오북이 유통됐고, 시장 또한 조금씩 확대되고 있다. 아마존의 '오디블(Audible)'에서는 일본 유명 배우가 낭독하는 유료 상품도 제공되고 있는데, 2020년에는 '듣는 영화'로 츠츠미 유키히코(堤幸彦) 감독이 관여한 '알렉씨(アレク氏) 2120'이 서비스되는 등 '귀'를 위한 콘텐츠는 더욱 진화하고 있다. 앞으로 이런 듣는 영화, 듣는 드라마는 점점 시장이 커질 가능성이 있다. 낭독도 포함하는 귀를 위한 콘텐츠는 배우나 성우들이 활약하는 새로운 비즈니스 영역이 될 수도 있다.

　코로나19 사태로 인해 재택 근무가 늘고 장시간 컴퓨터 화면을 보는 것이 일상이 되면서 눈이 혹사를 당하고 있는 동안 귀는 아무런 역할을 하지 않는 경우가 많다. 노는 귀를 위해 소리만 들으려고 영화 같은 콘텐츠를 틀어놓는 것은 비효율적인 일이다. 이러한 틈새 시장을 노려 업무 효율 증진에 도움이 되는 음원이나 음악 콘텐츠 등을 만들어 제공하는 식의 서비스는 고려해 볼 만하다.

Topic 12
스트리밍 감상을 위한
전용 복장

BEFORE 대충 입은 실내복 차림으로 웹 서핑

AFTER 멋진 전용 웨어로 홈 시어터 감상

현상 패션 브랜드와 컬래버레이션

　호주의 케이블TV · 유료 동영상 전송 회사인 '폭스텔(Foxtel)'
은 스트리밍 서비스 '빈지(Binge)'를 새롭게 런칭했다. 빈지는 패
션 브랜드 '더 이코닉(The Iconic)'과 제휴를 맺고, 코로나19로 인
한 록다운 기간 중 집에서 쾌적하게 장시간 TV를 시청할 수 있
는 '인액티브웨어(Inactivewear)' 시리즈를 선보였다.

록다운 기간 중 기존보다 20% 증가한 57% 이상이 스트리밍 시청을 즐기고 둘 중 한 명은 쾌적한 모습으로 시청하고 싶어 한다는 자사 조사 결과를 토대로, 빈지와 더 이코닉은 고급스럽고 멋진 인액티브 웨어를 고객들에게 제공해 사용자들이 TV 세계에 푹 빠져들어 현실의 괴로움을 잊을 시간을 갖도록 했다. 유니섹스 웨어 라인으로, 호주의 모델 타니 앳킨슨이 브랜드 앰버서더를 맡고 있다.

타니 앳킨슨이 홍보하는 인액티브웨어 브랜드

분석 얼마나 쾌적하게 보낼 수 있는지가 중요

엔터테인먼트 기업이 자사 서비스를 사용하는 유저들의 생활을 더욱 윤택하게 하기 위해, 오랜 시간 쾌적하게 시청을 즐길 수 있는 웨어를 패션 브랜드와 컬래버레이션으로 제공하는 참신한 기획은 신선함에 시청 체험 가치를 높이려는 노력이 더해져 유저들의 마음을 단단하게 사로잡았다.

위기는 기회다!

    일본에서도 재택이나 근처 쇼핑에 적당한 '원 마일 웨어'가 화제가 됐다. 넷플릭스가 폭발적으로 인기몰이를 하고 있는 가운데, 콘텐츠 측에서 의류 메이커와 기능적인 면을 포함한 최적의 '넷플릭스 시청 전용 웨어'를 공동 개발한다면 유효한 비즈니스가 될 수 있다. 쾌적한 시청을 가능하게 하는 소파나 쿠션 등도 고려해 볼 만하다.

    이처럼 차원이나 영역을 뛰어넘는 새로운 발상의 상품이나 서비스가 새로운 생활양식에서는 중요해지고, 화제성과 수요를 촉진할 가능성도 충분히 있다.

    지금까지 패션에서는 '다른 사람에게 어떻게 보일까'라는 타인의 시선이 중요했다. 그러나 집에서 보내는 시간이 늘면서 '누군가를 위한 패션'이 아니라 '나를 위한 패션'이라는 새로운 의식이 젊은 층을 기반으로 뿌리내리기 시작했다. 즉, 본인이 얼마나 기분 좋게 쾌적하게 보낼 수 있을까가 선택할 때 큰 기준이 된다. 앞으로는 이 점을 보다 중시한 상품 개발이 히트 상품 구상의 시작점이 될 것이다.

TOPIC 13
정원 활용

BEFORE 친구와 실내 홈 파티

AFTER 정원 등 옥외가 신소비 존으로

현상 **환기가 잘되는 옥외에서 오락을 즐긴다**

영국의 단독주택은 기본적으로 정원이 딸려 있다. 록다운이 한창일 때 그런 정원을 활용해 여행 느낌이나 아웃도어 체험, 오락을 즐기는 사람이 늘었다. 옥외에서 사용할 수 있는 TV 프로젝터나 스크린을 구입하는 사람이 급증하고, 환기가 잘되는 정원에 설치해 친척이나 친구, 이웃들과 거리를 두고 앉아 영화나 스포츠 관람을 즐기는 것이 인기를 끌었다. 대형 슈퍼마켓 앞 등에서도 옥외 TV가 눈에 띄었다. 또 스포츠 시합을 경기장이나 스포츠 바에서 관전할 수 없게 되면서 안마당에 TV를 설치해 시합 중계를 방영하는 바도 늘고 있다.

이와 별개로 영국에서는 외출 자제 때문에 핫 터브(hot tub, 옥외용 온수 욕조)의 판매가 급상승했다. 사람들은 핫 터브를 집 뜰에 설치해서 리조트 기분을 만끽하고 있다. 오픈마켓 이베이에서는 록다운 중인 2020년 3월 22일부터 6월 6일까지 핫 터브 매상이 전년 대비 276%나 늘었다. 특히 4월 5일부터 11일까지 7일간 매상은 전년 대비 1,000%나 급증했다고 한다.

핫 터브를 즐기고 있는 가족

분석 **코로나 상황에서는 환기가 중요하다**

집이든 가게든 실내는 코로나19 감염 리스크가 높아 환기에 신경을 쓰지 않으면 안 된다. 그 점에서 보면 정원 등 실외는 안전을 확보할 수 있고, 비교적 환기 걱정을 안 해도 된다. 영국 시민들 사이에서 정원에서 쾌적하게 보내거나 오락을 즐길 수 있는 용품이 크게 인기를 모은 이유다.

위기는 기회다!

국내외를 불문하고 코로나를 계기로 집 정원이나 근처 가게의 실외 공간 등이 주목받게 됐다. 앞으로 이런 공간이 '신소비존'으로 떠올라 시장이 신장할 가능성이 높다. 일본에서도 근처 사람들이 모여 대화면으로 럭비 등 스포츠를 관전하는 기회가 늘면서 실외에서 활용할 수 있는 TV나 스크린, 프로젝터의 수요는 높아질 것 같다. 실외용 의자나 테이블 같은 가구, 팬이나 히터, 그것들을 패키지로 한 스포츠 관전 세트 등도 유망하다. 또 핫 터브 등을 설치해 여행 기분을 낼 수 있는 '홈 리조트'도 트렌드가 될 가능성이 있다.

다만 좁은 정원밖에 없는 도심에서는 이런 용품들을 둘 수 있는 장소를 확보하는 게 쉽지 않다. 사업을 한다면 교외나 지방이 적합할 것이다. 또 정원이 인근 사람들과의 사교장이 된다면 커뮤니티 재생으로 이어질 수 있다. 1960년대에는 가정마다 전화기가 설치되지 않았기에 없는 집은 있는 집에 빌리러 가는 것이 당연했다. TV도 있는 집 앞에 이웃들이 모여 함께 봤다. 보급률이 올라가면서 지금은 옛날 얘기가 되어 버렸지만 코로나19를 겪으며 언젠가 본 듯한, 그때 그 시절의 인정미 넘치는 광경이 재현되는 현상이 일어날 가능성도 있다.

한편으로 음식점도 실외 공간을 적극적으로 활용해야 한다. 오픈 테라스의 스포츠 바, 옥상이나 유휴지, 공공 스페이스를 활용해 오락을 즐길 수 있는 레스토랑 등 옥외형 음식 아이템이 비즈니스 성공의 열쇠가 될 수 있다.

TOPIC 14
비접촉형 선물

현상 **코로나19 속에서 깜짝 선물이 인기**

영국에서는 외출 제한 기간 중 우편함에 배달되는 와인이나 꽃 선물 수요가 늘었다. 가족이나 친구와 직접 만날 수 없게 된 가운데, 하루하루 우울하게 보내는 사람들에게 주는 깜짝 선물이다. 주는 사람도 받는 사람도 기쁨이나 힐링을 느낄 수 있어 사람들의 마음을 사로잡았다. 와인은 우편함에 넣기 쉽도록 평평한 모양의 병에 대한 연구가 실시되고 있다. 또 네덜란드에서는 우편함에 넣을 수 있는 배달용 애플 타르트나 과자 키트 등이 등장했다.

분석 우편함의 새로운 사용법 제안

택배는 현관 입구에서 배달원에게 상품을 받아야 해 감염 방지 차원에서 싫어하는 사람도 있다. 우편함이라면 100% 비접촉으로 물품을 받을 수 있어 보다 안심할 수 있다. 우편함을 여는 순간 선물이 배달돼 있는 것을 보게 되면 깜짝 놀라며 기쁨을 느끼는 점도 메리트라고 할 수 있다. 예전부터 사용되던 우편함의 재발견이다. 이러한 새로운 사용법에 대한 제안이 호평을 받으면서 이용이 확산됐다.

무인 배송 로봇도 하나의 대안이 될 수 있다.

위기는 기회다!

    일본에서도 '블루미(Bloomee)', '플라워(Flower)' 등 월정액제로 매달 우편함에 꽃이 배달되는 서브스크립션(정기 구독) 서비스가 청년층에 인기를 끌고 있다. 배달원과 접촉할 필요가 없고, 우편함을 열 때 깜짝 놀라는 느낌도 신선하다. 꽃 이외에도 평평하게 만들어진 와인병이나 우편함에 넣을 수 있는 선물의 상품화·서비스화는 비즈니스 기회가 될 것 같다. 실제 미국에서는 코로나 상황의 밸런타인 기간 중 위스키나 데킬라의 미니 병을 박스 모양의 카드에 담은 '마실 수 있는 밸런타인 데이 카드'를 배달로 보내는 것이 트렌드가 됐다. 'NIPYATA! 카드'의 '드링커블 카드(Drinkable Card, 마실 수 있는 카드)'라는 상품이다. 일본에서도 양주뿐 아니라 사케나 소주의 미니 병이 담긴 카드를 우편함에 보내는 서비스가 있다면 인기를 끌 것 같다.

    우체국도 대용량 타입의 선물 배달을 고려해 상품을 투입하기 쉬운 우편함 접수구 등을 개발할 수도 있고 업체와 협력해 선물 전용 박스를 배포하는 아이디어도 유효할 것이다.

    다만 일본은 뉴노멀에 적합한 패키지 배달·형태 개발 분야에서는 아직 지지부진하다. 와인병 사례처럼 비접촉 상황에 최적화된 디자인이나 패키지 그 자체가 수납 인테리어가 되는 디자인이라면 이용객은 증가할 것이다. 비접촉·비대면은 감염 예방 측면은 물론, 직접 수취할 필요가 없는 편리함 때문에 앞으로 코로나 수습 후에도 이러한 디자인에 대한 수요는 끊임없이 이어질 것이다.

"

평평한 디자인의 와인병

TOPIC 15
마이크로 투어리즘

BEFORE 호화 해외여행 즐기기
AFTER 인근 지역 재발견 여행

현상 **집에서 320km 이내 여행 증가**

코로나로 해외여행이 어려워지면서 가까운 곳을 재발견하려는 움직임이 전 세계에 확산하고 있다. 일본에서도 '마이크로 투어리즘'이라고 일컬어지는 새로운 영역이다.

에어비앤비에서는 팬데믹 이후 집에서 200마일(약 320km) 이내의 숙박시설 예약이 폭발적으로 늘고 있다. 자동차나 대중교통으로 안전하게 다녀올 수 있는 범위 내에서 여행을 즐기고 싶은 수요가 높아지고 있다.

분석 가까운 곳을 재발견하는 새로운 여행 형태

요즘은 안심·안전을 지향할 뿐 아니라 해외나 원거리 여행을 선호하다 보니 등잔 밑이 어둡다는 말처럼 가까운 지역을 전혀 모르는 사람이 많다. 코로나 사태 이후 실제 가까운 지역에 대해 정보를 얻거나 가본 뒤 새삼 매력을 깨닫는 사람들도 적지 않다. 호텔도 마케팅 중점 대상을 해외관광객에서 지역이나 인근 도시 주민으로 옮기는 사례가 두드러지고 있다.

　일본에서도 코로나19로 젊은이들이 에어비앤비를 통해 근처 지역의 집을 확보한 뒤 그곳에 모여 술을 마시는 '타쿠노미(宅飲·집에서 하는 술자리)'가 트렌드가 됐다. 가까운 호텔에 동료와 머물며 바캉스 기분을 즐기는 '호캉스(호텔과 바캉스를 합한 조어)'도 유행하고 있다. 코로나를 계기로 여행은 원거리에서 근거리로 옮겨졌고, 동료와의 타쿠노미 플랜이나 호캉스 플랜을 적극적으로 판매하는 비즈니스가 조명을 받을 수 있다. 성공 사례가 나오면 다른 세대로 확대하는 것도 유효하다.

　또 지역거주자를 위한 마이크로 투어리즘 정보 사이트나 투어 기획, MaaS(Mobility as a Service, 서비스형 이동수단)를 활용한 루트 개발 등도 유망하다.

　인근 지역에서 공통의 취미·기호를 가진 사람들을 모으는 미니 투어 기획이나 SNS 커뮤니티 창설, 호텔의 마이크로 투어리즘 전환, 도심 근교 중견 호텔의 비즈니스 수요 이외의 기능 강화 등 무수히 많은 비즈니스 기회가 창출되고 있다. 근교를 재발견하는 새로운 여행 형태가 앞으로 하나의 새로운 기준이 될 수 있다.

한편, 최근에는 지방자치단체가 주체가 되어 온라인을 사용한 버추얼 여행에 시식이나 요리 교실 등을 결합한 온라인 체험 콘텐츠도 증가하고 있다. 고향을 지원하는 기부 사이트 등에서 지역 특산품을 구매해 응원하는 움직임도 두드러지고 있다. 해외 등 원거리 여행을 하지 않고, 국내 매력을 재발견하고 지역 생산자를 지원하는 것이 하나의 큰 흐름이 되고 있다.

타쿠노미

TOPIC 16
신노마드족

BEFORE 일은 당연히 오피스에서

AFTER '차박' 신노마드족도 출현

현상 **코로나19로 캠핑 붐 도래**

미국에서는 캠핑장에서 캠핑카나 초대형 RV 차량에서 숙박할 수 있는 'RV 파크 스테이'가 최신 트렌드로 떠오르고 있다. 코로나 영향으로 국내 여행 수요가 증가하고, 감염 대책으로 옥외를 선호하는 사람이 늘면서 인기를 끌고 있는 것이다. 하지만 대다수 캠핑장이나 RV 차량에는 와이파이 환경이 갖춰져 있지 않은 점이 애로사항이다. 샌프란시스코 거점의 스타트업 '키보(Kibbo)'는 이 점에 착안, 회원제 RV 파크를 시작했다. 와이파이 환경을 갖춰 원격 업무도 가능하고, 냉장고와 주방도 갖췄다. 월 150달러를 내고 회원 가입을 하면 클럽하우스를 사용할 수 있으며 프리미엄 요금 월 995달러를 지불하면 키보의 전국 어느 지점에서든 무제한으로 숙박할 수 있다.

분석 아웃도어 비즈니스에 주목

록다운이 계속되는 가운데, 도시의 비좁은 아파트 생활과 높은 집값에 진절머리가 난 생활자(특히 청년층)의 수요를 촉진하면서 급신장했다. 현재는 이용 희망자가 쇄도하면서 회원 가입 대기줄이 생겼을 정도다. 향후 실리콘밸리나 LA로도 확대될 예정이다.

키보가 운영하는 RV 파크

위기는 기회다!

유명 개그맨 히로시가 나 홀로 캠핑을 즐기는 '솔로 캠핑'의 달인으로 주목을 받게 되면서 솔로 캠핑 인기가 급등했다. 1인부터 가족까지 다양한 단위로 캠핑 인구가 증가하고 있다.

특히 캠핑카, 밴 렌탈이나 쉐어링(차주와 빌리는 사람의 매칭 서비스)이 신규 장르로 주목받고 있으며, '차박(차에서 숙박)'은 새로운 여행 키워드가 되고 있다. 수요를 예측해서 차박 스포츠를 제공하는 관광지, 지자체도 늘고 있다.

미국에서는 이런 차량을 '집'으로 인식, 여행뿐 아니라 생활이나 일도 하는 '밴 라이프'가 활황을 맞고 있다. 일본에서도 향후 '워케이션(workation, 원하는 장소에서 업무와 휴식을 동시에 취할 수 있는 근무 형태)' 분야로도 확대될 것으로 기대된다.

운영 측이 와이파이나 일을 할 수 있는 여건을 제공한다면, 차박으로 이동하면서 일을 하는 '신노마드족(시간과 장소에 구애받지 않는 디지털 유목민을 뜻하는 신조어)'이 찾을 가능성이 높다. 지자체도 지역 경제에 활력을 불어넣는 새로운 지역 활성화 대책으로 도입할 만하다.

Beyond
·
DATA

5부

시대를 개척하는 데이터 활용

세계 각국은 IT를 통한 데이터 활용으로
코로나19 확산을 막고 의료를 지원했다.
중요한 것은 혁신적인 아이디어,
테크놀로지를 적용하는 스피드, 그리고 결단력이다.
일본은 선수를 빼앗겼다.
효과적인 데이터 활용도 지지부진하다.
해외의 과감한 사례에서 데이터에 의한
리스크 관리의 실용적인 방법과 기술을 볼 수 있다.

TOPIC 01
감염 방지 테크놀로지

BEFORE 알아서 사람들이 붐비는 곳으로의 이동을 자제

AFTER 데이터를 통해 입장자를 선별

현상 │ 이동 경로로 감염 리스크 판단

신종 코로나바이러스가 확산한 2020년 2월 중순, 상하이시 정부는 채팅 앱 위챗과 결제 앱 '알리페이(Alipay)' 내에 신분 증명 코드를 표시하는 '수이선마(隨申碼)'를 설치했다. 쇼핑이나 이동 경로 등을 통해 중점 감시 지역이나 집단감염 발생지에 가지 않았다는 것을 증명하는 장치다. 상하이시에서는 여러 시설 입

구에서 체온 측정이나 입장자의 연락처, 건강 상태를 기입해야 했는데, 수이선마 도입으로 간소화됐다. 공공시설, 오피스 빌딩, 쇼핑몰 등의 입구에서 제시함으로써 감염 가능성이 있는 사람을 찾아낼 수 있다.

영국에서는 디지털 건강 증명서인 'V헬스 패스포트'가 등장했다. 앱을 다운로드해, 지정된 의사에게 코로나19 검사를 받고 음성으로 진단되면 앱상의 자신의 얼굴 사진에 녹색의 동그라미표가 붙는다. 녹색의 동그라미표를 유지하려면 정기적으로 진단을 받아 음성을 증명해야 한다. 디지털 증명서는 보안이 뛰어나 널리 보급됐다. PCR 재택 검사키트 판매 기업과 협업해 검사 결과를 V헬스 패스포트에 표시하는 서비스도 제공한다. 고령자 시설에서 친족과 만날 때나 항공기에 탑승할 때 제시하는 등 다양한 용도가 제안되고 있다.

분석 나라마다 다른 팬데믹 대책

자국민 대부분이 사용하고 있는 위챗과 알리페이의 양 플랫폼을 신속하게 활용한 것은 중국다운 인프라를 활용한 팬데믹 대책이 됐다. 정부가 국민을 테이터로 관리하는 시스템이 다른 나라보다 진일보했고, 이에 익숙한 중국인들도 거의 저항감 없이 받아들였기 때문에 가능했다.

감염 확률이 상대적으로 낮은 사람만 시설이나 빌딩, 몰에 들어갈 수 있어 이용자들은 안심할 수 있다.

위기는 기회다!

일본에서는 후생노동성이 신종 코로나바이러스 접촉 확인 앱 '코코아(COCOA)'를 개발 및 제공했다. 스마트폰의 근접통신 기능(블루투스)을 활용한다. 코로나19 확진자와 접촉했을 가능성에 대해 다른 사람에게 알리지 않고 프라이버시를 지키며 통지해 준다. 다운로드 수는 약 2,500만 건에 달한다. 하지만 어디까지나 확진자와의 접촉만을 알리는 데 그치고 있고, 시설 입장 관리에 응용된 것은 없다.

한편 중국의 대처는 감염 발생 지역 이동 경로라는 측면에서 데이터를 사용한 보다 적극적인 감염 대책이다. 개인정보 취급, 정부에 의한 국민 행동 감시 문제, 과학적인 근거 등 논란이 될 소지도 많지만 '중국이기 때문에 가능하다'라고 치부하지 말고, 데이터 활용 가능성에 대해서는 검토나 논의할 필요가 있다.

다만 일본에서는 영국의 디지털 건강 증명서처럼 자신의 검사 결과를 스마트폰으로 언제든 제시할 수 있도록 갖고 다니면서 시설이나 서비스 이용 시 보여주는 것이 현실적일지도 모른다. 야구나 축구 시합은 물론이고 여러 국제대회에 도입하는 것을 고려해볼 수 있다.

싱가포르는 스마트폰 앱 이외의 수단을 사용해 접촉 확인 시스템을 운영하고 있다. 블루투스 기능이 있는 전용 단말기 형식으로 정부가 제공하는 입·퇴장 기록 시스템과도 연동하는 휴대형 토큰이다. 이 토큰은 스마트폰에 앱을 내려받고 싶지 않은 사람, 블루투스 연동 스마트폰을 갖고 있지 않은 사람, 애당초 스마트폰을 갖고 있지 않거나 다루는 데 익숙하지 않은 고령자 등도 이용할 수 있다.

싱가포르에서 방역에 이용되는 휴대형 토큰

TOPIC 02
실시간 혼잡 정보

BEFORE 현지 도착 이후에나 상황 파악이 가능

AFTER 앱에서 사전에 혼잡 상황을 체크

현상 사회적 거리두기로 수요 증가

인도에서는 쇼핑몰이나 공원부터 약국, 식료품점, 버스정류장, 주유소, 대중교통의 차내에 이르기까지 온갖 장소의 혼잡상황을 사전에 일목요연하게 파악할 수 있는 앱 '웨이트큐(WateQ)'가 인기를 얻었다. 점포의 QR코드를 스캔하면 대기자 수나 점포의 혼잡 상태를 확인할 수 있다.

분석 **아웃도어 비즈니스에 대주목**

인도는 시설에 직접 간 뒤에야 혼잡 상황을 파악할 수 있어 사회적 거리두기를 유지하기 어려운 경우가 빈번하게 발생했다. 그런 가운데 등장한 앱이 웨이트큐이다. 적절한 사회적 거리두기를 유지할 수 있는지 확인할 수 있기 때문에 시설 등을 안전하게 이용하고 싶은 사람들에게 사랑을 받았다.

위기는 기회다!

일본에서는 JR히가시니혼(東日本)이 차내 혼잡 상황 정보를 거의 실시간으로 제공하고, 길안내 서비스 앱 내비타임(NAVITIME)도 자체 기술로 전차나 버스 혼잡 상태를 추계해서 제공하고 있다.

데이터 플랫폼 서비스 업체 우네리(unerry)도 슈퍼, 약국, 홈센터, 디스카운트 스토어, 백화점·몰 등 5개 업종 전국 약 4만 9,000개 점포의 요일·시간대별 혼잡 상황을 알려주는 사이트 일본에서는 JR히가시니혼(東日本)이 차내 혼잡 상황 정보를 거의 실시간으로 제공하고, 길안내 서비스 앱 내비타임(NAVITIME)도 자체 기술로 전차나 버스 혼잡 상태를 추계해서 제공하고 있다.

데이터 플랫폼 서비스 업체 우네리(unerry)도 슈퍼, 약국, 홈센터, 디스카운트 스토어, 백화점·몰 등 5개 업종 전국 약 4만 9,000개 점포의 요일·시간대별 혼잡 상황을 알려주는 사이트 '파워드 바이 비컨 뱅크(Powered by Beacon Bank)'를 뉴스 앱 '스마트 뉴스'로 전개하는 등 혼잡 정보를 제공하는 서비스가 서서히 늘고 있다.

코로나19로 안전성 측면에서 방문하고자 하는 장소의 혼잡 여부가 매우 중요한 정보가 됐다. 효율성이나 쾌적성을 고려한다면 코로나 수습 후에도 혼잡 정보 제공은 부가가치가 높은

"

내비타임 지하철 광고

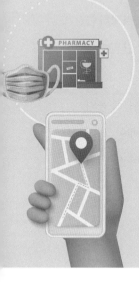

TOPIC 03
디지털 배급제

BEFORE 마스크 사재기나 되팔이가 횡행

AFTER 앱을 활용해 모든 사람에게 평등 제공

현상 마스크 판매 시스템화에 성공

대만 정부는 마스크 사재기나 되팔이를 막기 위해 자국에서 제조된 모든 마스크를 사들여 사람들에게 실명제로 판매하는 시스템을 구축해 세계적으로 높은 평가를 받았다. 도입 당시엔 1주일에 1인 2매까지 구입할 수 있었는데, 초기에는 약국에 길게 줄을 서서 건강보험증 카드를 전용 단말기로 판독해야 할 필

요가 있었지만, 이내 정부가 개발한 앱을 통해 지도상에 각 약국의 재고 현황이 표시돼 길게 줄을 설 필요가 없어졌다. 이 시스템은 도입 3개월 후에는 한층 더 진화해 앱을 통해 마스크 구매 예약을 할 수 있게 됐다. 예약한 마스크는 본인이 지정하는 대형 편의점에서 결제도 하고 찾을 수도 있다. 편의점 단말기로 예약할 수도 있다.

대만의 건강보험증 카드에는 이름, 생년월일, 병력이나 복용약의 이력을 파악할 수 있는 ID 넘버가 기재돼 있으며 개인 데이터가 들어있는 마이크로칩도 삽입돼 있다. 이 때문에 마스크 판매 시스템화도 무리 없이 진행될 수 있었다.

분석 정부 주도로 정보 취약 계층도 포용

앱을 통한 예약 구입은 편의점 이외의 대형 슈퍼나 약국에서도 실시됐다. 스마트폰을 잘 다루지 못하는 노년층도 매장의 단말기로 쉽게 구매할 수 있었다. 이처럼 정보 취약 계층을 포용한 점에서 세대를 불문하고 호평을 받았다. 결국 대부분의 사람들에게 마스크가 공평하게 보급됐고, 최종적으로는 1주일에 1인 9매까지 구입할 수 있게 됐다.

위기는 기회다!

일본에서는 마스크 사재기나 되팔이가 횡행했다. 매장에서 마스크가 자취를 감추면서 대다수 국민이 구입할 수 없는 상황이 지속됐다. 대만처럼 정부가 수매한 뒤 테크놀로지를 통해 사실상 배급제로 했다면 혼란을 막았을 수도 있다. 다만, 일본은 마이크로칩을 삽입한 대만의 건강보험증 카드처럼 디지털 처리를 할 수 있는 카드를 전 국민이 갖고 있지는 않다. 2016년부터 발급 중인 개인식별용 마이넘버 카드도 보급률이 고작 25%밖에 안 된다. '2022년 말까지 대부분의 국민에게 보급한다'고 하는데, 달성조차 불투명하다. 신설 디지털청은 만일의 경우 정부 주도로 사재기 등을 막고, 사실상 배급제로 할 수 있는 방안을 찾는데 좀 더 지혜를 모아야 한다.

대만은 세계적으로 유명한 슈퍼 프로그래머로 디지털 담당 장관에 발탁된 탕펑(唐鳳·영어명 오드리 탕)이 주도해 마스크 판매 시스템을 구축했다. 일본에서도 민간의 우수 인재를 등용하는 유연한 사고가 필요하다.

TOPIC 04
가짜 뉴스와의 싸움

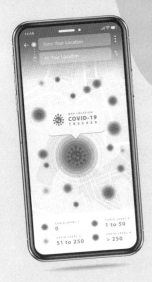

BEFORE 가짜 뉴스로 불안에 빠지는 시민

AFTER 올바른 정보에 의해 올바르게 두려워하는 사회

현상 감염 정보를 실시간 제공

태국에서는 2020년 2월부터 신종 코로나 감염 확대와 함께 거짓 정보, 가짜 뉴스가 확산하면서 시민들이 혼란에 빠졌다. '레모네이드를 마시면 코로나바이러스를 죽일 수 있다', '채식주의자는 바이러스 감염률이 낮다', '햇볕을 쬐면 바이러스가 소멸한다' 등이 대표적인 예다. 이런 가운데 태국의 IT기업 '5Lab'은

정확한 정보, 즉 팩트를 제공하기 위해 웹사이트 '코비드 트랙커 (Covid Tracker)'를 개설했다. 지도상에 확진자가 발생한 일시, 장소, 사람 수 등의 정보가 정부 발표에 맞춰 실시간으로 태국어, 영어, 중국어, 일본어로 서비스된다. 3월 12일 홈페이지 공개를 발표하자 단숨에 주목을 받았다. 5일 후 이용자는 누계 400만 명에 달했다.

이탈리아에서는 팬데믹을 회피하기 위해 지자체마다 시민 건강 상태와 행동 범위를 모니터링하는 앱이 개발됐다. 앱 이용자가 매일 건강 상태를 입력하기 때문에 확진자나 확진이 의심되는 사람 수 및 장소를 특정할 수 있고, 이들의 이동 경로 정보도 파악할 수 있다. 입력한 증상을 통해 확진이 의심되면 이용자에게는 통지가 발송된다. 앱은 자신의 주거 지역 감염 정보나 위험 지역도 알려 준다.

분석 개인정보 보호는 전문가가 관여

태국의 코비드 트랙커는 감염 정보 외에도 PCR 검사나 치료 병원, 식료품이나 일용품 구입 장소 정보도 데이터 기록으로 남기려고 한다. SNS 등에서 진위가 판명되지 않은 채 떠돌아다니는 정보에 대해 그것이 옳은지 아닌지 팩트 체크를 하는 수단으로 진일보했다. 감염 발생 정보뿐 아니라 오염 제거 완료 정보도

갱신되는 점이 탁월하다.

일본에서는 집단감염 발생만 보도되고, 그 후 '코로나바이러스 확진 위험이 사라졌다'와 같은 안전 정보는 나오지 않는다. 이 때문에 해당 지역에서 영업하는 음식점들이 뜬소문에 피해를 계속 당하는 사례가 속출했다. 데이터는 지속적으로 추적해 확실히 업데이트해야 한다. 해당 지역의 '지금'을 전달하는 것이 중요하기 때문이다.

이탈리아에서는 행정에서 시민의 개인정보를 수집하는 것과 관련해 프라이버시 침해 우려가 제기됐는데, 앱 개발에 개인정보 보호 전문 변호사가 참여해 대책을 세우는 등 어느 정도 제동장치가 마련돼 있어 수월하게 보급될 수 있었다.

위기는 기회다!

일본에서도 거짓 정보, 가짜 뉴스가 떠돌았다. 2011년 동일본 대지진 때는 치바현에서 제유소(製油所) 화재 발생 후 '유해물질이 비 등과 함께 내리기 때문에 주의'라는 거짓 정보가 나

돌았다. 2016년 구마모토 지진 때는 '동물원에서 사자가 달아 났다'는 가짜 뉴스가 SNS에서 확산됐다. 2018년 오사카 북부 지진 때는 '외국인은 지진에 익숙하지 않아 범죄를 저지른다'는 유언비어가 퍼졌다.

코로나19 사태 초기에는 일본 각지에서 화장지가 부족해 진다는 거짓 정보가 돌아다녀 사재기 소동이 일어나는 등 가 짜 뉴스에 놀아난 사람들도 적지 않았다. 그 외 '신종 코로나바 이러스는 중국 연구소에서 만들어진 생물병기다', '신종 코로 나바이러스는 열에 약해 뜨거운 물을 마시면 예방에 효과가 있 다', '우한(武漢)에서 입국한 발열 증상이 있는 여행객이 간사이 국제공항 검역 검사를 뿌리치고 달아났다' 등 다양한 거짓 정 보, 또는 오해를 초래할 정보가 확산했다.

이런 정보를 즉시 팩트 체크를 통해 진위를 가려 주거나 감 염 확대 지역 정보와 그 후 대응 등의 사항을 적극적으로 공개 하는 웹 서비스가 앞으로 팬데믹이나 재해 대비 시스템으로 중 요해진다.

TOPIC 05
소셜 숙련 제작공

BEFORE 유사시 현장에서 필요한 기구가 부족

AFTER 개인이 3D 프린터로 만들어 제공

현상 지방 의료기관을 기술로 지원

독일에서는 의료용 기구를 필요로 하는 의료기관과 3D 프린터나 레이저 커터를 보유한 단체·개인을 연결해 주는 활동 '메이커 vs 바이러스'가 주목을 받았다. 3D 프린터 등을 보유하고 있어도 코로나19 사태로 주문이나 작업이 중지되면서 사용하고 있지 않은 단체·개인이 많은 가운데, 그 기기를 활용해 지방 의

료기관을 지원하는 시도다. 3D 프린터 등의 소유자가 의료기관을 지원하는 지역의 허브에 연락·등록하고, 병원 측에서 발주하면 페이스 실드 등 의료에 필요한 기구를 생산해 배달한다. 설계도는 공개된 오픈 소스를 사용했다.

분석 프린터 소유자와 의료기관 중개

페이스 실드를 공장에서 라인을 확보해 본격적으로 생산하는 것은 시간도 오래 걸려서 곤란하고, 어느 정도 수량도 필요하다. 하지만 상황 변화에 재빨리 대처할 수 있는 3D 프린터라면 인근 병원에서 필요로 하는 수를 소량으로 즉시 보낼 수 있다. 소유자와 허브의 연락은 클라우드 기반 협업용 앱 슬랙을 통해 수시로 할 수 있고, 필요한 의료용 기구를 때맞춰 보내는 시스템을 구축할 수 있다.

3D 프린터로 제작된 페이스 실드

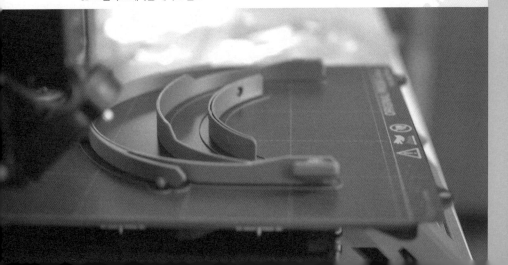

위기는 기회다!

팬데믹이나 재해 같은 상황에서는 현장에서 필요로 하는 기재가 없는 경우도 고려해야 한다. 지자체나 지역의 유력 단체는 그럴 때를 대비해 3D 프린터 등의 소유자를 미리 파악·등록하는 플랫폼 구축을 검토했으면 한다. 코로나19 팬데믹 속에서는 상황이 상황이니만큼 의료 기자재 생산으로 주목을 받았

지만 3D 프린터는 언제 어떤 상황에서든 필요한 물품을 빠르고 정확하게 만들어낼 수 있는 매우 유용한 자원이 된다. 평소에는 소유자 정보를 축적해 등록자끼리 SNS상에서 이어지도록 하고, 유사시에는 수요가 있는 기관과 빨리 매칭하고 개인을 전문화할 수 있는 시스템이 필요하다.

또 지자체가 3D 프린터를 소유해 시민에게 저렴한 가격에 빌려주는 제도를 구축하면 긴급 상황 때 활용할 수 있다. 3D 프린터 보유자와 필요한 사람을 연결해 주는 시스템 등도 필요할 것이다.

"

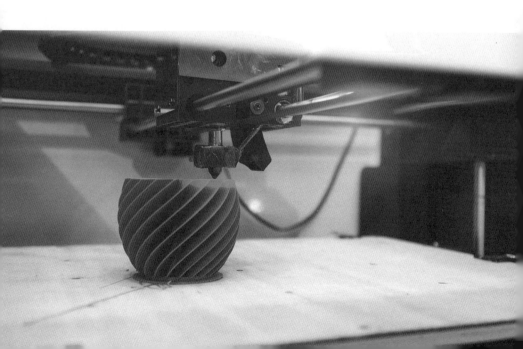

Beyond · COMPANY

6부

기업 활동을 업그레이드

팬데믹이 일어나면 종래 틀이나 형태에 얽매이지 않고
장벽을 깨고 세상에 공헌하는 기업들이 있다.
해외에서는 코로나 사태에 신속하게 대처하며
사회 공헌하는 기업들이 사람들에게 감동을 주고 있다.
다른 업종 참가, 컬래버레이션, 새로운 고용 방식의 탄생은
애프터 코로나에도 활용될 수밖에 없다.

TOPIC 01
긴급 사회 공헌

BEFORE 재해나 팬데믹은 BCP 대책으로 극복한다

AFTER 긴급시 자사 자원을 활용해 사회 공헌

현상 자사 기술을 응용해 부족 물품 제조

유럽은 기업의 사회적 책임 의식이 강하다. 프랑스에서는 화
장품 브랜드들의 기부 행렬이 잇따랐다. 코로나19 확산 이후 소
독용 알코올젤과 관련해 특별 제조 허가를 받아 기부에 나선 것
이다. LVMH는 주 12t의 소독젤과 마스크를 생산해 기부했다.
로레알은 200ml 소독젤 35만 개, 클라랑스는 400ml 소독젤 1만

4,500개, 시슬리는 소독젤 6t을 기부했다. 록시땅은 중국에 비누와 젤을 기부한 데 이어 프랑스에도 소독젤 7만 리터를 기부했다. 독일에서는 커피 필터로 유명한 밀리타(Melitta)가 덴탈 마스크 공급에 착수했고 커피 필터 모양을 그대로 마스크에 적용함으로써 기존 제조 기계를 통해 대량생산을 할 수 있었다. 밀리타의 자회사 Wolf PVG가 제조하는 부직포 필터를 포함한 삼중구조로, BFE(Bacterial Filtration Efficiency, 세균 여과 효율)는 98% 이상이다. 미국, 브라질 제조공장에서도 일부 라인을 마스크용으로 변경해 EU의 고성능 마스크 통일 규격인 FFP2, FFP3에 준하는 마스크 개발을 추진했다. 북미, 남미에서 판매를 시작했으며, 머잖아 하루 최대 100만 매를 증산할 계획이다.

분석 사회 문제 해결에 기업이 공헌

프랑스의 화장품 회사도, 독일의 커피 필터 회사도 코로나 상황을 맞아 사회에 도움이 되는 제품을 기부 등을 통해 공급하는 시스템을 발 빠르게 갖췄다. 소독액·마스크 부족 문제를 얼마나 빨리 대응해 해결할 수 있는지를 중요하게 여겼다. 공장이나 설비를 신설하는 것이 아니라 기존 자사 공장 라인을 활용한 이유다. 이러한 의사결정 스피드와 유연함 덕분에 사람들이 절실히 필요로 할 때 시의적절하게 공급할 수 있었다.

위기는 기회다!

일본에서는 샤프가 마스크 사업에 참가하는 등 코로나와 관련해 본업이 아닌 다른 업종에 도전하는 움직임이 나타났다. 샤프는 액정 패널을 제조하는 클린룸을 활용해 마스크를 생산했다. 긴급 상황 때 자사 자산을 활용해 재빨리 사회 공헌을 하는 좋은 예로 높이 평가를 받았다. 소비자 조사에서는 동업 타사와 비교해 브랜드 호감도가 대폭 상승했다. 앞으로 기업들은 비상사태가 일어났을 때 자사 자산을 활용해 어떤 사회 공헌을 할 수 있을지 미리 파악하고, 발생 때 즉시 도입할 수 있는 플랜

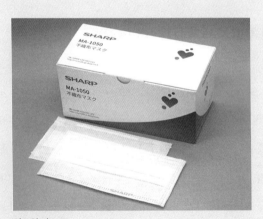

샤프의 마스크

을 마련해 두는 것이 중요해진다.

한편, 일본은 꽃가루알레르기로 마스크를 쓰는 등 원래 '마스크 대국'이다. 이번 코로나 상황 속에서 마스크가 필수가 되고, 젊은 여성들을 중심으로 마스크 패션화가 진전됐다. 예컨대, 마스크에 붙일 수 있는 원포인트 액세서리나 목에 걸칠 수 있는 마스크 목걸이가 유행했다.

여러 의류 브랜드들은 멋진 패션 마스크도 출시했다. 감염 대책으로 부직포 마스크는 유효하지만 천 마스크는 불충분하다고 생각하는 사람들을 위해 화려하고 패셔너블한 부직포 마스크도 등장했다. 일본은 이러한 세련된 마스크 패션 관련 비즈니스를 글로벌화 하는 것도 중요하다.

태국에서는 록다운이 단계적으로 해제되면서 외출 기회가 증가한 2020년 5월 하순부터 목줄 달린 마스크가 인기를 얻기 시작했다. 외식 때에는 마스크를 벗어 목에 걸친 채 식사를 할 수 있고, 보행 중에도 목에 걸치고 다니다가 필요한 때 쓸 수 있다. 이런 해외 히트 상품들을 마스크 수요가 높은 일본에 들여와도 좋을 것 같다.

TOPIC 02
시간차 쇼핑

현상 **우버와 슈퍼마켓이 함께 하는 고령자 지원**

미국에서는 신종 코로나바이러스 감염 리스크가 높은 고령자
가 안전하고 원활하게 쇼핑할 수 있도록 개점 전 1시간을 고령
자 전용 시간으로 운영하는 움직임이 확산됐다. 그러한 가운데
우버(Uber)가 슈퍼마켓 체인인 '스톱 & 숍'과 제휴를 맺고, 쇼핑
을 위해 매장을 찾는 고령자 운임을 반값으로 할인하는 기간 한

정 서비스를 개시했다. 대상은 60세 이상으로 우버를 이용할 때 전용 프로모션 코드를 입력하면 최대 20달러까지 할인받을 수 있다. 주 2회, 오전 6시부터 7시 반 사이에 이용이 가능하다.

분석 **기업도 생활자도 모두 이득**

고령자들은 사람들로 붐비는 곳에서 쇼핑을 할 때면 불안감이 떠나지를 않는다. 집에서 슈퍼까지 가는 교통편도 걱정이다. '매장'인 슈퍼와 '발'인 우버가 협업해 그런 장애물을 해소함으로써 많은 고령자가 혜택을 누릴 수 있었다. 고령자 중에는 아침 일찍 일어나 행동하는 사람도 많은데, 서비스 시간을 조조 시간대로 설정한 것도 주효했다. 기업도 생활자도 모두 이득이 되는 좋은 사례다.

위기는 기회다!

한 회사만으로는 해결이 어려웠던 과제라도 다른 업종 기업과 협업해 시너지 효과를 발휘하게 되면 단숨에 해결책을 마련할 수 있다.

일본은 세계 제일의 고령 대국이다. 레이와(令和, 현행 일본의 연호이자 시대 구분) 시대에는 보다 코로나 리스크가 높은 간호 대상자나 75세 이상 고령자의 대폭 증가는 피할 수 없다. '건강한 고령자가 증가하는 시대'였던 헤이세이(平成) 때와는 양상이 전혀 다르다. 이런 일본에서야말로 다른 업종들이 협업해 고령자 할인, 고령자 시간대 설정, 고령자 한정 서비스 같은 비즈니스를 다양하게 전개해야 한다.

예컨대 미국처럼 택시와 슈퍼마켓이 제휴를 맺고, 고령자에게 안전하고 원활한 쇼핑 솔루션을 제공할 수 있다. 이런 시스템을 도입하면 고령자의 감염 리스크를 줄일 수 있어 의료기관의 부하도 낮출 수 있다. 이러한 메리트를 고려해 정부 측이 보조금 사업으로 지원하는 것도 하나의 방안이 될 수 있다. 또는 평소에도 조조 시간을 고령자 전용 쇼핑 시간으로 설정하거나 택시가 고령자를 태워 오면 택시 요금의 절반을 슈퍼마켓이 부담하는 등 새로운 서비스 방법을 모색해도 좋을 것 같다.

　이번 팬데믹과 같은 위기 상황에서는 기업 간 장벽을 넘는 다양한 제휴가 요구된다. 일본이 다른 업종 간 협업을 통해 코로나 위기 상황을 극복해 나간다면 일본의 고질적인 저출산 고령화나 한계집락(限界集落) 등 사회 문제 해결책을 찾는 데도 도움이 될 수 있다. '유사시는 컬래버레이션으로 새로운 사업을 창출할 수 있는 적기'라고 받아들이는 긍정적인 자세도 필요하다.

"

TOPIC 03
클릭 & 컬렉트

BEFORE 온라인 쇼핑으로 구입한 상품을 집에 배달

AFTER 거리의 모든 점포가 수취 장소로

현상 EC와 오프라인 매장의 제휴 추진

영국에서는 외출 자제 영향으로 아마존을 중심으로 EC 수요가 폭발적으로 늘었다. 하지만 배달원의 부담이 가중되거나 시간이 맞지 않아 수취할 수 없게 되는 경우가 발생했다. 그래서 EC 사이트나 앱에서 구입(클릭)한 상품을 지정한 매장에 모아(컬렉트) 수취하는 서비스 '클릭 & 컬렉트'가 주목을 받게 됐다.

이러한 서비스는 예전부터 존재했지만 코로나19로 매장에 머무르는 시간을 최소한으로 하고 싶은 소비자가 늘면서 한층 더 조명을 받았다. 2020년에는 소매점의 80%가 클릭 & 컬렉트를 도입, 전년 대비 32%나 증가했다. 세계 최대급 통계 플랫폼인 스태티스타(Statista)에 따르면 클릭 &앤 컬렉트 이용률은 2022년에는 온라인 매출의 13.9%가 되고, 매출액은 96억 파운드(약 11조 566억 원)를 웃돈다고 예측되고 있다.

각사가 개별적으로 제휴를 맺은 '업그레이드 버전의 클릭 & 컬렉트'도 탄생했다. 아마존 UK는 영국의 패션 소매업체인 넥스트와 협업해 주문한 상품을 넥스트 점포에서 수취하는 서비스를 개시했다. 슈퍼마켓 웨이트로우즈(Waitrose)는 캐주얼 브랜드인 보덴(Boden)의 EC 사이트에서 구입한 양복 등을 수령할 수 있도록 했다.

분석 사회를 위해 어디와 협업하면 좋을까

사회를 위해 어느 회사 서비스와 자신들의 기능을 결합하면 좋을까. 이러한 발상을 토대로 EC와 오프라인 매장의 협업이 진전되고 있다. 소비자 입장에서는 등기 같은 배달은 집에 있어야 하지만 점포 수취는 자신이 편한 시간에 찾으러 가면 되는 이점이 있다. 수취 장소를 제공하는 점포 입장에서는 이용자가 방문했을 때 매장에 비치된 상품을 구입하는 효과도 기대할 수 있다. 수요와 공급, 양쪽에 장점이 있고 사회적인 의의도 크기 때문에 보급이 촉진됐다.

위기는 기회다!

일본에서도 EC에서 구입한 뒤 편의점 등 매장에서 수령하거나 역이나 슈퍼마켓의 전용 로커(인증번호를 입력하고 사인을 하면 자물쇠가 열림)에서 물건을 찾는 서비스가 확산하고 있다. 하지만 개별 기업 간 제휴를 통해 상품 수취를 할 수 있는 비즈니스 모델은 찾아볼 수 없다. 향후 소매점에 국한하지 않고, 지하철역이나 근처 음식 체인 또는 체육관 등이 의류업체와 제휴를 맺고 점내 유휴 공간을 짐 보관 장소로 제공한 뒤 EC에서 구입한 상품을 찾을 수 있도록 하는 서비스도 고려해 볼 수 있다. 수취 때 음식이나 체육관 안내로 이어지는 등 새로운 '터치 포인트(고객과 기업의 접점)'가 될 가능성도 있다.

일본은 인구 감소 사회다. 코로나로 EC 신장이 더욱 가속화 하면서 앞으로, 특히 인구 감소가 현저한 지방을 필두로 택배가 큰 문제가 될 수밖에 없다. 운송 인력 부족이 두드러지면서 지방일수록 택배 요금이 급등할 수 있다. 그런 사회에 대비해 일본판 클릭 & 컬렉트 시스템을 추진해야 한다.

아직 EC와 연계되지 않은 독립 점포나 개인 상점도 수취 장소를 확보해 EC 구입 상품을 찾을 수 있도록 하는 등 디지털 전환이 하루빨리 진전됐으면 한다.

앱으로 주문하고 로커를 통해 상품 수령이 가능하다.

TOPIC 04
기부 운영

BEFORE 동물원이나 수족관은 입장료가 수입원

AFTER 기부로 동물을 함께 키운다

현상 기부에 의한 운영 모델

미국에서는 코로나19로 동물원이나 수족관이 폐쇄됐다. 동물원이나 수족관은 생물들을 지키기 위해 페이스북, 유투브, 인스타그램 등 SNS를 활용했다. SNS를 통해 '집콕' 중인 시민들이 즐길 수 있는 동영상을 전송하면서 받은 도네이션을 통해 시설 운영비를 모았다.

펜실베이니아주의 엘름우드 파크 동물원은 기린과 마라톤의 조어인 '지래파톤(girafathon)'이라는 이벤트를 실시했다. 모금할 때 자주 사용되는 마라톤이라는 단어에서 유추할 수 있듯이 라이브 방송으로 기부가 들어오면 동물원 원장이 감사의 말과 함께 기부자 대신 동물들에게 모이를 주는 내용이다. 초등학교 아동들이 집에서 줌을 통해 기린에 관한 질문을 하거나 사육원이 부상을 입은 기린에 대해 말하는 장면도 볼 수 있었다.

 책임감을 가지고 동물을 키우는 가상 체험

자신의 기부에 맞춰 원장이 실시간으로 모이를 뿌려 주는 이 이벤트를 통해 많은 사람들이 자신도 동물을 키우는 일원이 되는 가상 체험을 할 수 있었다. 예전에는 동물원이나 수족관에

엘름우드 파크 동물원

가서 전시를 지켜볼 뿐인 제3자에 불과했던 개인들에게 '당사자 의식'을 심어줘 동물과의 유대를 끈끈하게 하고 더욱 애착을 갖게 되는 효과가 발생했다.

위기는 기회다!

동물원이나 수족관은 입장료 수입만으로는 운영이 어려울 때가 있다. 특히 지방 시설들 중에는 오락의 다양화, 저출산화 등의 영향으로 방문객이 적어 폐원하는 곳도 적지 않다. 그런 가운데 원내, 관내 생물들을 지역 주민들의 기부를 통해 함께 키우는 것은 유효한 운영 모델이 될 것 같다. 실시간 전송으로 원장이나 사육원과 교류하거나 동물 모이 주기 등 특별한 혜택을 부여하면 이용자는 더욱 증가할 것 같다.

단순히 철창 안에 있는 동물이 아니라 본능과 습성에 따라 움직이는 동물을 관람객에게 보여 주는 '행동 전시'로, 아사히 야마동물원(旭山動物園)이 한 시대를 풍미했던 게 벌써 10년 이상 전의 일이다. 코로나로 꽃핀 동영상 전성 시대를 맞아 동물원에도 '동영상 전시'라는 새로운 기회가 찾아왔다. 중요한 것은 촬영 경험이 없는 사육사가 동영상을 찍는 것이 아니라 프로가 직접 촬영하고 제대로 편집이 된 동영상을 제작·전송해야 한다. 다음 단계로는 전 세계 시청자들을 대상으로 기부나 수익을 도모해야 한다.

미국에서는 분위기가 딱딱해지기 쉬운 온라인 회의에 힐링 요소를 가미하는 아이디어로 동물원용 출석 자리를 배정했다. 화면에 동물을 비추는 형태로 회의에 참가시키는 독특한 서비스가 인기를 얻었다. 방문객이 격감하는 동물원이 생각해 낸 새로운 수익 모델이다. 이처럼 입장료 외에도 수입을 거둘 수 있는 기획 아이디어가 중요하다.

아사히야마동물원 입구

TOPIC 05
사원 공유

BEFORE 경기 악화로 사원은 해고나 자택 대기

AFTER 기업 간 사원을 공유하며 고용을 유지한다

현상 확산하는 기업 간 사원 공유

중국에서는 많은 레스토랑, 호텔, 영화관의 매상이 대폭 감소했다. 하지만 사원 해고나 자택 대기를 하지 않는 기업도 눈에 띄었다. 인원 배치를 효율화하고 업무에서 배제된 사원을 일손 부족에 시달리는 다른 회사에 '빌려주기'를 한 것이다.

EC 대기업 알리바바 산하의 슈퍼마켓 허마(盒馬)는 이런 잉

여사원을 적극적으로 렌탈 채용했다. EC와 오프라인 매장을 겸업하는 허마는 EC 이용이 급증하면서 배달원을 시급히 늘려야 했는데, 다른 점포에서 렌탈 사원을 충당하는 방식으로 소비자 수요에 대처했다. 중국에서는 이렇게 기업 간 사원을 공유하는 새로운 시도를 '직원 공유(共享員工)'라고 이름 붙였는데, 이 시스템은 향후 다방면에서 정착될 것으로 보인다. 예컨대, 어느 제조회사는 공장 가동 제한 기간이 끝났는데도 지방에서 사원이 돌아오지 않거나 퇴직하는 등의 이유로 기존 종업원 1,000명 가운데 불과 100명만 복직하는 데 그쳤다. 그래서 해당 회사는 지자체의 힘을 빌려 휴직 중인 사람을 렌탈 사원으로 모집해 공장 가동을 재개할 수 있었다고 한다.

고용-피고용 쌍방의 안전망

불경기로 수요가 현저하게 줄어들 때는 인건비를 줄이기 위해 해고나 자택 대기를 강제하는 것 외에는 달리 방법이 없다. 그런 상황에서도 특수로 일손 부족에 시달리는 업계도 있다. 고용을 유지하고 싶은 기업과 일시적인 호황으로 일손을 찾는 기업이 사원을 공유한다는 유연한 발상이다. 약자인 노동자에게 계속 일을 주면서 장차 수요가 회복됐을 때를 대비해 인원을 확보할 수 있는, 서로가 '윈윈'하는 시스템이다.

위기는 기회다!

최근 근무 방식이 다양화됐다. 프리랜서가 증가하면서 기업들이 부업을 인정하는 움직임도 확산하고 있다. 여기서 한 발짝 더 나가 해고나 자택 대기 상황을 맞이했을 때 노동력을 필요로 하는 다른 업종에 일시적으로 렌탈하는 '사원 공유' 시스템이 확산되면 고용자·피고용자 쌍방에게 효과적인 안전망이 될 수 있다.

코로나로 EC나 배달업이 크게 신장하면서 운송·택배업자는 일손 부족에 시달렸다. 반면 대면 서비스 업종은 휴업이나 영업 축소로 사람이 남아돌았다. 이런 업종 간, 사업자 간 사원을 렌탈할 수 있다면 고용을 유지할 수 있고, 다른 업종을 일정 기간 경험함으로써 일이나 사고방식의 시야도 넓어지고 다양한 경험도 쌓을 수 있다.

기업 실적은 부침하기 마련인데, 일본은 일시 해고가 인정되지 않아 업적 악화 때 기업 부담이 무거워진다. 이 점에서 실적이 좋은 회사에 렌탈로 인재를 보내는 시스템이나 제휴는 도움이 된다. 코로나 상황에서 물류업자가 항공업계 사원을 일시 파견 근무로 받는 움직임이 눈에 띄었다.

일본에서도 이미 렌탈이 활발하게 이뤄지고 있는 곳이 있다. 바로 축구 J리그다. 해외 축구팀을 본뜬 형태로 실시된다. 잠재능력은 큰데 아직 싹이 나오지 않은 선수를 다른 팀에 빌려주고, 출장 기회를 늘려 경험을 쌓게 한다. 일본 기업도 선구적인 J리그의 발상을 벤치마킹했으면 한다.

최근 일본 여러 회사들은 후생노동청의 지원에 힘입어 사원 렌탈 시스템을 도입하기 시작했다.

TOPIC 06
배달 혁명

BEFORE 물류나 운수 일은 물품이나 사람을 옮기는 것

AFTER 배달 대기업 주도의 신지원 프로그램이 탄생

현상 배차 앱 대기업과 슈퍼에서 소규모 농가 지원

동남아시아에서 배차를 비롯해 푸드 딜리버리 등 다양한 서비스를 하고 있는 배차 앱 대기업인 그랩(Grab)은 2020년 6월 코로나19로 경제에 타격을 받은 태국 사회를 지원하는 캠페인(Grab Loves Thais, Helping Thai People)을 전개한다고 발표했다.

그 가운데 하나가 '그랩은 농부들을 사랑한다(Grab Loves

Farmers)'라는 농가 지원 프로그램으로, 태국 농업성과 협력해 지방 농가에서 수확된 과일을 그랩 앱을 통해 판매한다. 이외에도 관광객 격감으로 일이 줄어든 그랩 택시 운전수에게 식품이나 일용품을 배달하는 '그랩은 파트너를 사랑한다(Grab Loves Partners)'나 가난한 아이들에게 식사를 배달하는 프로그램 등을 실시할 계획이다.

분석 딜리버리 플랫폼화 진전

'그랩은 농부를 사랑한다'에서는 소비자가 그랩 서비스의 하나로 제공되는 슈퍼마켓 택배 서비스 '그랩마트'를 이용, 방콕시내 10곳의 점포에서 과일을 구입할 수 있다. 종래, 그랩 같은 디

그랩의 태국 지원 캠페인

지털 플랫폼 활용이 어려웠던 농가에 판로를 확대할 수 있는 절호의 기회가 됐다. 코로나19로 온라인을 매개로 한 딜리버리 서비스가 정착하는 가운데, 그랩의 플랫폼 가치가 높아지고 있다.

위기는 기회다!

일본에서는 최근 1년 음식점이 감염 진원지로 부상하면서 여러 차례에 걸친 영업 자제 요청으로 큰 타격을 받았다. 음식점이 휘청이게 되면서 음식점에 야채나 과일을 공급하는 농가도 직접적인 영향을 받게 됐다.

물류나 운수 플랫폼은 단순히 사람이나 물건을 옮기는 데 그치지 않는다. 발상을 넓힌다면 소비자와 접점이 없는 지방 농가뿐 아니라 장인 공방(匠人工房)도 지원할 수 있다. 소매점이나 EC와 협업해 앱 등으로 쉽게 구입하거나 이용할 수 있도록 하면 비즈니스 가능성은 더욱 커진다. 일본에서도 운수나 물류 플랫폼에 의해 새로운 지원이나 사업이 창출되는 '딜리버리 혁명'이 기대된다. 앞으로 닥쳐올 지진이나 재해를 고려했을 때도 이러한 시스템은 매우 중요하다.

구축하는 데는 그랩의 대처방안이 크게 참고가 된다. 그랩은 택시 배차, 음식 배달, 쇼핑 대행, 결제 서비스까지 모든 수요를 일원화해 제공하는, 동남아시아의 슈퍼 앱 영웅이다. 철저히 지역 밀착을 지향하며 지역에 근간한 수요를 모아 서비스로 승화한 '하이퍼 로컬 전략'이 주효했다. 일본에서도 지역을 포괄하며 철저히 로컬 서비스를 제공할 수 있는 플랫폼 등장이 기대된다.

하이퍼 로컬 전략이 새로운 비즈니스로 떠오르고 있다.

TOPIC 07
지원 광고

BEFORE 광고는 자사 상품을 선전하는 수단

AFTER 셔터 광고로 음식점을 지원

현상 하이네켄의 바 지원 캠페인

스페인에서는 록다운으로 바가 장기간 휴업을 하게 되면서 평소 사람들로 시끌벅적했던 번화가가 '셔터가'로 변하고 말았다. 네덜란드 맥주 대기업 하이네켄은 그런 바의 힘든 상황을 보고 도움의 손길을 내밀었다. 하이네켄을 클라이언트로 하는 광고회사 퍼블리시스 이탈리아(Publicis Italy)와 협업해 문을 닫은 가게의 셔터에 하이네켄 광고를 게시하는 '셔터 광고'를 진행, 광고료를 지원금으로 가게 측에 직접 지불하는 캠페인을 추진한 것이다. 종래 빌딩 옥상이나 버스 정류장에 내던 광고 비용을 셔터 광고에 충당했다.

분석 광고 브랜드 기업 자세에 칭찬 쇄도

휴업 보상금을 제공해 도산하지 않도록 지원하는 것은 국가나 지자체의 일이다. 하지만 보상금이 기존 가게 매상에는 훨씬 미치지 못하는 케이스도 있다. 또 장래가 불투명한 가운데 가게 존속에 불안을 느끼고 낙담한 오너도 있다. 하이네켄의 셔터 광고에는 '오늘은 이 광고를 보고, 내일은 이 바를 즐기자'라는 문구가 인쇄돼 있다. 가게의 미래에 한 줄기 빛을 비추는 내용으로, 오너에게 지원금과 함께 용기를 줬다.

하이네켄의 대처는 SNS 등을 통해 전 세계로 확산됐다. 업무

장벽을 넘어 적극적으로 행동하는 기업 자세로 유럽, 미국, 아시아 소비자로부터 극찬을 받았다.

위기는 기회다!

술집이나 음식점은 주류 제조사에게 없어서는 안 될 파트너다. 자사 상품을 고객에게 선전하고 제공하는 역할을 담당하기 때문이다. 제조사는 그 파트너가 예기치 못한 강제 휴업으로 곤경에 처해 있다면 도움의 손길을 내밀고 싶어 할 것이다.

셔터 광고는 그런 바람을 이뤄 주는 수단으로 상당히 효과적이다. 술집이나 음식점 앞을 오가는 사람들에게 선전도 되고 SNS 확산을 통해 기업 이미지도 올라가고, 자사 상품 판매로도 이어진다. 비용을 다른 옥외 광고비에서 조달할 수 있는 점도 메리트다. 이런 대처 방안은 다른 제조사나 광고 대리점들도 파트너인 음식점을 지원하는 힌트가 될 수 있다. 또 가게 셔터를 광고 미디어로 활용하는 아이디어는 코로나 수습 이후에도 점포 지원을 위한 하나의 선택지가 될 수 있다.

TOPIC 08
허구의 현실화

BEFORE 게임 내 아이템은 어디까지나 가상의 물건

AFTER 게임 내 아이템을 현실로 재현

현상 가공의 식물을 재현해 화제를 모으다

미국 게임회사 '라이엇 게임즈(Riot Games)'는 동남아시아에서 자사 타이틀 '리그 오브 레전드' 판촉을 위해 기발한 시책을 강구했다. 게임 내에서 플레이어의 목숨을 구하는 신비적인 과일 아이템인 '꿀열매'를 현실 세계에서 게이머가 실제 먹을 수 있는 식용 과일로 재현해 태국 방콕의 거리에 제공한 것이다.

제작(조리)은 월드 클래스의 솜씨를 자랑하는 셰프가 맡았고, 다양한 맛을 준비했다. 태국 게이머는 방콕의 여러 장소에서 꿀열매를 구입해 먹을 수 있었고, 게임 유튜버의 자택으로 특별 배달도 됐다. 결과적으로 SNS에서 꿀열매에 대해 170만 회의 광고 노출이 있었다고 한다.

 분석 임팩트 있는 시책이 SNS에서 확산

일본에서도 게임 세계를 어트랙션, 레스토랑, 테마파크 같은 한정된 지역 등에서 재현하는 사례는 있었다. 그러나 캐릭터의 에너지 보급에 사용되는 아이템을 식용 열매로 재현해 도시의 모든 장소에서 시식할 수 있도록 한 아이디어는 참신하고 상당히 임팩트 있는 판촉이다. 게임 내 아이템을 실제 먹을 수 있는 희귀한 체험은 게임 팬이라면 누구나 해보고 싶어 할 것이다. 테마파크 등을 일부러 찾지 않아도 쉽게 즐길 수 있는 점이 호평을 받으면서 SNS에서 확산, 게임 인지도 향상으로 이어졌다.

현실로 재현한 꿀열매

위기는 기회다!

　게임의 틀을 넘어, 게임 속에 등장하는 아이템을 실제 사회에서 재현해 판촉을 하는 접근법은 다른 게임에서도 유효하다. 예컨대, 꿀열매 같은 가공의 과일을 실제로 만들어 도시의 이벤트나 일정 장소에서 시식용으로 제공할 수도 있고, 과자 제조사와 함께 게임에 등장하는 에너지 보급용 아이템을 편의점용으로 상품화하는 등 다양한 아이디어를 고려해 볼 수 있다. 핵심 팬뿐 아니라 게임을 하지 않는 소비자도 구입함으로써 인지도 향상의 계기가 될 수 있고, 게임 유저 저변 확대에도 도움이 될 수 있다. 게임 이외에도 애니메이션 등에 등장하는 가공 음식을 상품화하는 등 여러 영역에서 시도해도 좋을 것이다.

지역 발전의 기회

세계를 뒤흔든 코로나 사태로 인해
지방이나 고향에 대한 인식의 재검토가 이루어졌다.
급속도로 확대된 글로벌에 대한 반작용이다.
SDGs 등에 의한 환경 배려, 고향회귀 움직임도
맞물리면서 팬데믹 속에서 다양한 활동이 생겨나고 정착하고 있다.
애프터 코로나 세상에서는
이런 새로운 방법·시스템이 토대가 돼 세계 방방곡곡에서
지방 발전의 막이 열린다.

TOPIC 01
이웃 자원봉사

BEFORE 정년 후 세대 중심의 자원봉사 단체

AFTER 사회적 약자를 청년층이 서포트

현상 온라인 플랫폼이 속속 등장

영국에는 자선단체 수가 많다. 그런 영국에서 신종 코로나 확산에 따른 도시 봉쇄 등 위기 상황을 타개하기 위해 지역 단위의 자원봉사 활동이 시작됐다.

특히 온라인 플랫폼 '코로나19 뮤추얼 에이드 UK(Covid-19 Mutual Aid UK)'가 주목을 받았다. 수도 런던뿐 아니라 애버딘,

부틀, 뉴튼 애보트, 스완지 등 지방 도시도 포함해 영국 내에서 200개 이상의 자원봉사 단체가 등록돼 있으며, 페이스북이나 트위터 등을 통해 활동 상황이 널리 퍼졌다. 지금은 전 세계에 확산해 등록 단체는 수천에 이른다.

고령자나 지병이 있는 사람 등 외출이 어려운 사회적 약자를 돕고 싶은 사람은 앱 '넥스트도어(Nextdoor·이웃의 의미)'를 다운로드하면 자원봉사를 필요로 하는 장소를 파악할 수 있고, 토론을 실시하거나 참가할 수 있다.

분석 로컬을 축으로 한 세대 간 교류 확산

어느 나라나 비상사태 때 고립되기 쉬운 사회적 약자를 배려하고, 도움이 되고 싶어 하는 사람이 적잖다. 하지만 어디에 도움을 필요로 하는 사람이 있는지를 찾는 것은 쉽지 않다. 자원봉사 플랫폼 등장으로 자신의 힘을 발휘할 기회를 쉽게 찾을 수 있게 되면서 자선을 하는 사람들 사이에 이용이 확산했다.

영국에서는 코로나 전에는 정년 후의 60대나 70대가 자원봉사 활동의 중추였다. 그러나 코로나로 '집콕' 생활을 하기 쉬운 고령자를 대신해 청년층 자원봉사가 증가한 점도 플랫폼 활용이 진전된 배경이다. 로컬을 축으로 한 세대 간 교류는 SDGs(지속가능한 발전목표)의 관점에서도 앞으로 확산해 갈 것이다.

위기는 기회다!

　도시에서는 이웃 간 교류나 관계가 끈끈하지 않다. 자신의 주변에 누가 사는지, 어떤 상태인지, 무슨 지원을 필요로 하는지 전혀 짐작이 가지 않는 사람이 대부분일 것이다. 자원봉사 플랫폼이 있으면 맵 상에서 거주하는 거리를 찾아 등록만 하면 코로나19 같은 비상시에 자신의 여력을 가까운 약자를 위해 활용할 수 있다.

　포인트는 '먼 친척보다 가까운 타인'이라는 의식을 갖는 것이다. 코로나19로 상부상조 정신이 꽃핀 지금이야말로 도시에 로컬의 인간관계를 재구축해야 한다. 그래서 향후 증대가 예상되는, 외출이 곤란한 고령자를 비상시뿐 아니라 일상적으로 지원하는 시스템을 만들어야 한다. 애프터 코로나에서 서로 돕는 기운이 누그러진 이후에는 늦다.

　지금은 집에서 보내는 시간이 늘면서 시간적으로 여유가 있는 사람도 많다. 이럴 때 주변을 위해 자신의 힘을 보태고 싶다는 의식도 쉽게 싹트기 때문에 그런 시스템을 만드는 데는 최적의 기회다.

무상 자원봉사에 위화감이 있는 사람을 위해 유상 자원봉사 플랫폼을 만드는 것도 하나의 방법이다. 고령자는 소액 부담으로 곤란한 일들을 해결할 수 있고, 자원봉사자는 약간의 수입을 얻을 수 있어 '윈윈 관계'를 만들 수 있다. 유상 부분을 행정이 보조금으로 지원을 해도 좋다. 건강한 고령자가 유상 자원봉사자로 활동하는 것도 고려해 볼 수 있다.

고령자의 4대 고통으로 일컬어지는 '수입', '건강', '고독감', '살아가는 보람 상실'을 해결하는 것이야말로 레이와 시대 고령사회 문제의 큰 테마가 됐는데, 이러한 플랫폼은 해결 수단의 하나가 될 수 있다.

이번 영국에서 시작된 사례는 플랫폼상에서 거리의 그룹으로 등록해 약자를 지원하는 구조인데, 이를 보다 발전시켜 이를테면 맵상에 지원을 필요로 하는 사람과 내용이 표시되어 개인 단위로 담당할 수 있는 개별 매칭 앱이 만들어지면 보다 효율적이고 시의적절하게 지원할 수 있어 널리 보급될 수 있지 않을까 싶다.

TOPIC 02
커뮤니티 약국

현상 **지역 약국이 만든 그룹 채팅이 인기**

중국에서는 마스크 부족이 시작된 2020년 1월 하순부터 한 지역의 약국이 채팅앱 위챗에 그룹 채팅 '친구 서클(朋友圈)'을 작성해 입하 정보나 소독액 사용 방법 등을 공유했다. 지역 주민들도 약국에서 안전한 줄서기 방법이나 예약제 제안을 하는 등 그룹 채팅을 통해 활발한 논의가 이뤄졌다.

'퇴근할 때까지 보관해 달라'와 같은 요청에도 유연하게 대응해 많은 사람들이 이용하였고 덕분에 코로나 상황이 개선된 후에도 참가자 수는 200명을 밑돌지 않는다. 가게 측은 세일 정보, 건강 정보, 한방워크숍 개최 고지 등을 공지하며, 주민들 질문에도 수시로 응대하고 있다.

참가자는 약국 주변에 거주하는 수백 세대의 주민으로 추정된다. 문자 입력을 할 수 없는 고령자가 보이스 채팅으로 참가하는 경우도 있다. 고령자의 질문이나 요청에 젊은이들이 답하거나 중국어가 서툰 외국인 주민에게는 영어를 할 수 있는 주민이 대응하는 등 임기응변의 커뮤니케이션이 이뤄지며 유대감을 형성하고 있다.

 코로나 상황에서 지역 커뮤니티가 활성화

코로나로 사람 간 교류가 제한되면서 독거노인들 중에는 고립된 생활을 하는 이들이 많아졌다. 친구 서클은 주변에 사는 약 200명의 주민들이 늘 무언가를 발신하고, 상호간의 발신에 응답도 해 주기 때문에 고독감이 줄어드는 효과도 있었다. 구매층이 폭넓고 지역 밀착형인 '약국'이 만든 그룹 채팅을 남녀노소 모두가 이용하게 되면서, 지역주민들이 서로를 돕기 위해 정보교환을 하는 장으로도 기능하게 됐다.

위기는 기회다!

　일본에서도 지역 밀착형 약국이 병원이나 클리닉을 대신해 주민 건강 상담에 응하거나 셀프 메디케이션(self-medication)을 지원하는 움직임을 볼 수 있다. 이런 활동에서 한발 더 나아가 약국이 그룹 채팅을 통해 지역 주민 교류를 촉진하는 가교 역할을 한다면 비즈니스로 유효할 것이다.

　약국뿐 아니라 청년층부터 고령자까지 폭넓은 세대의 지역 주민이 이용하는 슈퍼마켓이나 편의점 등도 지역 그룹 채팅을 개설, 커뮤니티의 중심이 돼 교류를 촉진하는 움직임이 있어도 좋으리라 본다. 슈퍼마켓이나 편의점은 온라인 쇼핑 이용이 가속하면서 존폐 위기에 서게 됐는데, 지역에 뿌리를 내리는 '로컬화'가 살아남는 열쇠가 될 수 있다. 홋카이도를 중심으로 편의점 사업을 하는 세이코마트(Seicomart)는 지역이 요구하는 상품 판매나 서비스를 실천해 지지를 받고 있는데, 이런 사례에 커뮤니티 기능을 통한 지역 공헌이 더해진다면 로컬 내에서 유일무이의 존재가 될 수 있다.

TOPIC 03
로컬 전자 상거래

BEFORE 무엇이든 편리한 아마존에서 구입

AFTER 지역의 소매점을 지원하는 EC 사이트

현상 지역 소규모 가게를 쇼핑으로 지원

아마존에 기대지 않고, 지역 상점 구입을 통해 지역 경제를 지원하는 EC 사이트가 각국에서 생겨나고 있다.

스페인의 구매 사이트 '슬로우 쇼핑'에서는 자신의 주거 지역을 선택하면 그 지역에 등록된 상점 일람이 뜬다. 약국, 잡화점, 전기점, 서점, 채소가게, 빵가게 등 다양하다. 온라인 쇼핑을

개설하지 않은 점포도 전화나 메일로 주문을 받아 24시간에서 48시간 이내에 배달한다.

독일 뮌헨에서도 신사복점 '히르머', 스포츠용품점 '슈스터', 서점 '후겐두벨', 주방용품점 '쿠스터만', 침구점 '베텐리드'의 5개 점포가 중심이 돼 지역 기업이나 소규모 가게를 소개하고 쇼핑을 장려하는 EC 사이트를 개설했다.

분석 편리성보다도 '마음의 연결'을 중시

코로나19 이전에는 '편리성·망라성'을 앞세운 아마존에 대한 의존도가 높아지면서 지역 소매점이 고객을 빼앗기는 상황이 가속했다. 하지만 코로나로 시민 대부분이 직간접적으로 영향을 받는 가운데, 힘든 상황에 처한 지역 상점을 돕고 싶다는 분위기가 확산됐다. 이럴 때 지역 소매점을 일람할 수 있는 EC 플랫폼이 시의적절하게 개설되면서 지역 사회에 안착했다. 외출금지령이 한창일 때 오프라인 영업은 하지 못해도 EC 사이트를 통한 구매는 가능하기 때문에 소매점 등록도 촉진됐다. 판매자를 알고 있는 데서 오는 안심감이나 지역 상점을 지키고 싶다는 마음이 싹트면서 편리성보다 '마음의 연결'을 우선하는 소비자가 증가한 것도 하나의 원인이다.

위기는 기회다!

일본에서도 팬데믹 영향으로 소매점이 단체로 EC를 시작하거나 상점가 단위로 EC 모델을 개설하는 움직임이 일부에서 나타났다. 하지만 개별 운용으로 인지도도 확대되지 않고, 효과적인 모객이나 매상으로 연결되지 않는 케이스도 산발적으로 눈에 띄었다. 스페인이나 독일의 사례처럼 큰 지역이나 전국 점포를 망라하는 포털 사이트를 개설, 우편번호만 입력하면 해당 지역의 가게를 일람할 수 있는 시스템이 갖춰진다면 포털 접속을 통해 지역 점포에서 구입하는 구매 흐름이 창출될 수 있다. 지역 내에서는 배송료도 적고 배달 수고도 덜 수 있고, 사람·환경 친화적인 EC가 될 수 있다. 고령자는 어떤 상품이 어디에 놓여 있는지 대충 짐작이 가는 지역 소매점이라면 온라인이나 전화로 주문하는 게 쉽다. 코로나로 외출을 삼가고 싶을 때 이러한 지역 EC가 생명줄 역할을 할 수도 있다. 편리성과 지역 구입을 결합한 '로컬판(版) 아마존'을 구축하면 지역 경제 활성화와 고령자 지원을 동시에 할 수 있어 일석이조의 효과를 거둘 수 있다.

TOPIC 04
야채 정기 구매

현상 지방 소비 플랫폼 성황

미국에서는 지역 농가를 지원하고 채소를 매입하는 시스템인 'CSA(Community Supported Agriculture, 지역밀착형농업)'가 다시 주목받았다. 정기적으로 배달되는 야채 상자(CSA 박스) 비용 1년 치를 한꺼번에 선지불하는 정기 구독 모델로, 기후나 수확량에 따라 수입이 좌우되는 농가에 큰 도움이 된다. 코로나 상황 속에서 CSA 박스를 직접 판매하는 카페나 레스토랑도 늘고, 음식점 지원도 할 겸 구입하는 사람도 많아졌다. 회원이 아니더라도 30~60달러에 한 상자를 주문할 수도 있다. 갓 딴 야채나 진귀한 야채도 구입할 수 있어 호평을 받고 있다.

프랑스에서는 코로나로 옥외 마르셰(직판 시장)의 영업이 중단된 이후 국내 농업관계자들을 보호하기 위해, 당시 르메르 경제·재무장관부터 앞장서 국산 농산물 소비를 호소했다. 그런 가운데 지방자치단체나 농업 조합이 중심이 돼 운영하는 지산지소(地産地消, 지역에서 생산된 농수산물을 지역에서 소비한다는 의미) 플랫폼이 성황했다. 웹상에서 생산자와 소비자를 매칭, 직접 거래를 촉진하는 시스템이다.

 생산자·소비자·환경 모든 것에 이점

록다운으로 거래처 음식점이 문을 닫으면서 농업관계자들은 수입원 중 하나를 잃게 됐다. 그런 농업 생산자의 수입 확보와 안심하고 먹을 수 있는 신선한 상품을 구매하려는 소비자 심리, 지역 농가를 지원하고 싶은 마음을 충족하는 데다 지산지소로 친환경적이기까지 한 '멀티 베네피트(복수의 사회과제를 동시에 해결하는 것을 의미)' 방안으로 종래부터 가동된 다이렉트 마케팅이나 새롭게 만들어진 플랫폼 활용이 확산했다. 특히 프랑스에서는 마르셰가 주요 식품 판매·구입의 장이었다. 생산자·소비자 쌍방에게 신뢰할 수 있는 수단이 돼 주목을 받았다.

위기는 기회다!

농가 직판장은 전국 각지에 마련돼 있지만 소비자에게 직접 판매하더라도 안정적인 수입을 보장해 주지는 않는다. 계절마다 다양한 곡물이나 야채, 과일을 생산하는 농가와 소비자가 개별적으로 연간 계약해, 정기적으로 신선한 식품을 배달하는 서비스가 구축된다면 생산자·소비자 모두가 '윈윈'할 수 있다. 프랑스처럼 소비자가 생산자를 선택할 수 있다면 지산지소 톱니바퀴도 돌리기 쉬워진다. 일본 청년층 사이에서는 회화 정기 구독 서비스 '카시에(Casie)'나 향수 정기 구독 서비스 '컬러리아(COLORIA)' 등 다양한 정기 구매가 유행하고 있어, 야채 정기 구독도 호평을 받을 가능성이 높다. 먼저 시범적으로 구입하고, 마음에 들면 연간 계약을 맺는 플랫폼 비즈니스를 고려해 볼 수 있다.

TOPIC 05
장보기 소스페소

BEFORE	빈곤 구제는 지원 단체 모금으로
AFTER	2인분 구매로 제3자에게 기부

현상 **이탈리아 사람들의 '자선의 이중지불'**

이탈리아 나폴리에는 전통적으로 '카페 소스페소(보류의 커피를 의미)'라고 불리는 습관이 정착돼 있다. 카페를 찾은 손님이 가난해서 커피를 사서 마실 돈이 없는 다른 익명의 손님을 위해 커피 한 잔 값을 더 지불하는 것을 말한다. 이탈리아 농민단체 콜디레티(Coldiretti, 지산지소연합)는 이런 발상을 응용해 '장보기 소스페소(보류의 쇼핑)'를 하고 있다. '생산자로부터 직접'을 콘셉트로 하는 단체로, 정해진 일자에 시장을 열어 단체에 가입한 농가가 직접 소비자에 판매하는 활동을 한다. 그 가운데 이용자가 자신의 몫

외에 돈이 없어 구입할 수 없는 사람의 몫도 구매해 기부할 수 있고, 농가로부터도 농산물 기부를 받는다. 빈곤층에게 신선한 야채나 과일, 치즈 등 9,600kg, 로마의 소아병원에 입원해 있는 아이 가족에게 2,000kg의 따스한 손길이 전달됐다.

분석 농산물을 이용한 봉사 구조

나폴리에는 옛부터 카페를 이용할 때 1인분을 더 지불하는 봉사 정신이 살아 있었다. 이 때문에 쇼핑에 응용됐을 때도 자연스럽게 동참하는 분위기가 형성됐다. 단순한 금전적 제공이 아니라 기부자가 자신과 구매한 것과 동일한 야채를 만난 적도 없는 제3자와 같이 공유한다는 온정 넘치는 행위였기 때문에 더욱 공감이 확산될 수 있었다.

위기는 기회다!

여유가 있는 사람이 자신의 몫뿐 아니라 다른 한 사람의 몫까지 대금을 지불하고, 그것을 돈이 없어 이용하지 못하는 사람 누구라도 사용할 수 있도록 하는 시스템은 일본에서도 다양한 음식점, 소매점에서 활용될 수 있을 것 같다.

이를테면 피자가게에서는 피자 한 판 대금으로 한 판을 더 무료로 제공하는 1+1 서비스가 있는데, 그 무료로 제공되는 한 판을 다른 사람이 받을 수 있도록 하는 것처럼 말이다.

지원받는 사람의 조건이나 개인정보 취급 등 정해야 할 사항이 많긴 하지만 도입하는 지자체나 지역, 음식 체인이 있다면 빈곤층에게 도움을 줄 수 있는 시스템의 하나가 될 수 있다.

특히 일본에서는 코로나 상황에서 싱글맘의 빈곤이 클로즈업됐다. 일본 기업은 정사원 해고를 하기 어렵기 때문에 아르바이트나 계약 파견 사원부터 해고하는데, 그런 형태로 일하는 싱글맘에게 영향이 미쳤다. 상대적 빈곤율도 선진국 가운데 비교적 높다. 프로레슬링 만화 타이거 마스크의 주인공 다테 나오토(伊達直人)의 이름으로 기부하는 '타이거 마스크 운동'이다발적으로 일어나 지지를 받은 점에서도 분명하듯, 역경에 처한 사람이나 가정에게 도움을 주고 싶다는 생각은 많은 일본인의 공통된 의식이라 하겠다. 일본에는 대금 이중지불로 빈곤구제를 하는 시스템이 정착할 토양이 이미 형성돼 있다.

익명으로 타이거 마스크 운동을 주도한 가와무라 마사타케는 지난 2016년에 정체를 처음으로 드러내 화제를 모았다.

TOPIC 06
곰인형 교류

BEFORE 친구 집에 모여 게임 삼매경

AFTER 놀이가 있는 산책으로 커뮤니케이션

현상 길에서 보이는 창문이 지역 주민 교류의 장

세계 각국에서 보육원, 유치원, 학교가 봉쇄되면서 아이들도 스테이홈으로 친구를 만날 수 없는 날들이 이어졌다. 그러한 가운데, 각지에서 길에서 보이는 창가에 봉제 곰인형을 장식하는 것이 붐이 됐다. 해시태그는 '#GoingOnABearHunt(곰 찾으러 가자)'로 사람이 붐비는 곳을 피하고, 사람과의 거리를 유지한다는

조건 하에 외출이 장려
된 덴마크에서는 주택
가를 산책하면서 집집
마다 창가에 장식된 '곰
인형 찾기'를 하는 것이
부모와 자녀의 새로운
즐거움이 됐다.

　지역마다 페이스북
등에서 곰인형 찾기 그룹 페이지가 개설돼, 지역 주민 간 교류로
도 이어졌다. 이러한 활동은 국경을 넘어 미국이나 영국으로도
확대됐다.

분석 **유대의 재구축**

　코로나19로 대면 활동이 제한된 가운데, 길에서 볼 수 있는
창가를 '커뮤니케이션의 장'으로 활용한 것이 성공 포인트라 하
겠다. 산책으로 집콕 생활에서 문제가 되기 쉬운 운동 부족을
해소할 수 있고 어린이는 게임 감각으로 곰인형 찾기를 즐길 수
있다. 가족 및 지역 주민 간 교류도 활성화되는 효과가 있다. 페
이스북 이외에도 인스타그램에서는 2만 2,000건 이상의 투고가
발견되고, 틱톡에서도 투고가 급증하고 있다.

위기는 기회다!

원거리 여행이 어렵게 되면서 가족이나 부모와 자녀가 가까운 곳에서 즐길 수 있는 방법이 새삼 클로즈업되고 있다. 일본에서는 코로나19로 닌텐도의 게임 '동물의 숲'이 대히트했고, 넷플릭스 등 동영상 전송 서비스가 크게 신장하는 등 집에서 보내는 시간을 즐길 수 있는 수단이 많다.

반면 집 밖에서 놀 때의 단골 메뉴인 노래방이나 오락시설은 감염 확대로 이용하는 게 어려워졌다. 세계적으로 봐도 야외 레저는 단숨에 시들시들해졌다. 하지만 일본은 유럽과 미국처럼 모르는 사람끼리라도 궁리를 해서 부모도 아이도 모두 즐기려고 하는 발상이 부실하다.

지역이나 주민자치회에서도 다양한 기획을 모색하고 있는 가운데, 앞에서 설명한 곰인형 찾기처럼 주변 산책에 게임 요소를 가미하는 시도는 하나의 선택지가 될 수 있다. 지역 전체적으로 협력하면 일체감 있는 커뮤니티를 만드는 데도 도움이 될 것 같다.

TOPIC 07
새로운 야간 플랜

현상 야간 액티비티 수요 증가

중국은 팬데믹 영향으로 이용이 격감한 도시의 각종 시설에 이용자들이 다시 돌아올 수 있도록 하는 시책을 검토하고 있다. 가장 눈에 띄는 것은 해당 도시나 인근 지역에 거주하는 이용자를 위해 야간 액티비티를 늘린 것이다. 7억 명의 이용자를 보유한 알리바바그룹의 온라인 여행 플랫폼 '플리기(Fliggy)'에서는 밤 이벤트로 즐기는 나이트 투어 상품 수가 증가했는데 이용자의 반 이상이 1990년대 이후 태어난 청년층이다. 메리어트그룹, 샹그릴라 호텔즈 & 리조트, 벨라지오 상하이 등 고급 호텔에서는 파티, 바에서의 드링크, 워크아웃 이벤트 등 일몰 후 도시 사람들의 엔터테인먼트 수요를 충족시키는 야간 액티비티를 다수 개설하고 있다.

한편 박물관이나 테마파크에서도 야간 세션을 늘리는 움직임이 가속되고 있다. 상하이 하이창 오션 파크(上海海昌海洋公園)나 광둥성 주하이의 창룽 오션 킹덤(長隆海洋王國)을 비롯해 베이징, 상하이, 우한의 박물관 등에서는 야간 입장권 판매로 인기를 끌고 있다. 일례로 우한 자연사박물관에서는 가족 단위로 관내에 텐트 숙박할 수 있는 투어를 실시하고 있다.

분석 비일상에서 오는 화제성

코로나 사태 이전의 방문객 수를 회복하기 위해 다양한 시도들이 이루어지고 있다. 특히 고급 호텔이 제공하는 밤 워크아웃이나 자연사박물관의 숙박 투어는 신선하고 자극적인 체험을 원하는 도시 거주자들의 취향을 저격해 이용이 늘고 있다.

통상 방문할 수 없는 시간대의 체험으로 비일상감을 맛볼 수 있기 때문에 청년층이나 부모와 자녀에게 호평을 받았다. 코로나로 외출 자제가 지속되면서 일상생활의 따분함을 호소하는 사람들이 증가했다. 이러한 가운데 야간 박물관이나 테마파크를 찾는 비일상 경험은 많은 사람들에게 자극이 됐다.

또 새롭게 야간 영업을 시작하면 널리 화제가 되기 때문에 코로나 상황 속에서도 모객을 할 수 있었다. 청년층에게는 영업정지가 된 나이트클럽이나 바를 대신해 새로운 야간 활동 공간으로 주목과 지지를 받았다.

우한 자연사박물관

위기는 기회다!

일본에서도 야간 액티비티는 이용자를 회복하는 돌파구가 될 수 있다. 호텔이나 그 외 시설에서 새로운 수요를 창출할 수 있기 때문이다. 간편하게 이용할 수 있다면 가까운 곳의 즐거움으로 눈을 돌리기 시작한 지역 주민들을 모객하는 데도 도움이 될 것 같다. 포인트는 지금까지 없던 시설의 사용방식을 제안하는 것. 예컨대 공룡 전시 박물관에서 태고의 분위기를 느끼면서 텐트에서 숙박하는 체험은 가상적으로 시공을 초월한 야간 여행으로 인기 기획이 될 것이다. 코로나19 이전에는 매상이 없던 야간이라는 시간대를 수익화하는 점에서도 유효한 시책이 될 수 있다.

TOPIC 08
지역 공헌 매장

BEFORE 브랜드 숍은 신상품을 판매하는 장소

AFTER 브랜드 숍은 지역 연대나 사회 공헌의 허브

현상 '나이키 라이즈'라는 새로운 콘셉트

중국 광저우에서는 스포츠 용품 브랜드 나이키가 2020년 7월 문을 연 '나이키 광저우'가 화제를 모았다. 나이키 광저우는 디지털 기술로 특화된 신개념 점포로 향후 나이키가 추진할 새로운 글로벌 콘셉트가 적용됐다. 점포가 해당 도시 스포츠 애호가들의 허브가 돼 지역과 더욱 밀착하면서 상품 판매뿐 아니라 새로운 체험을 제공하는 것이다. 점포는 앱 등을 통한 디지털 혁신 체험과 지역 스포츠 이벤트 같은 정보를 제공하는 등 소비자와 지역 스포츠를 연계하는 역할을 한다. 지역 운동선수나 전문가, 인플루언서와도 손을 잡고 여러 이벤트나 워크숍 등도 개최한다. 나이키는 이러한 콘셉트에 '나이키 라이즈'라는 이름을 붙여 세계 각지에 도입할 계획이다.

미국에서는 흑인이 경영하는 레스토랑을 지원하는 음식 배달 서비스 앱 '블랙 앤 모바일(Black and Mobile)'이 화제다. 음식 배달 앱은 많이 있지만 흑인 레스토랑에 특화된 앱은 드물다. 이러한 앱을 통해 흑인 고용을 늘리거나 그들의 식문화를 확산하는 등 다양한 공헌을 할 수 있다.

분석 로컬 스포츠의 활성화 촉진

나이키 광저우에서는 앱의 AR 기능을 통해 발 사이즈를 정확하게 측정, 소비자에게 딱 맞는 상품을 찾아주는 '나이키 피트' 등 디지털 기술에 기반한 선진적인 체험을 할 수 있다. 그 지역의 스포츠팀 경기 정보, 지역에 정착해 살고 있는 선수나 전문가와의 교류도 제공한다. 스포츠 매장이 지역의 핵이 돼 로컬 스포츠 활성화를 촉진한다, 기존에 없던 매장 형태가 중국을 시작으로 전 세계에 확산되려 하고 있는 것이다.

한편 블랙 앤 모바일은 BLM운동 등으로 흑인 인권 문제가 사회적 관심을 받는 가운데, 자신들의 목소리를 높일 수 있는 기회라 여긴 사람들이 적극적으로 동참하는 등 점차 영향력을 넓혀 가고 있다.

위기는 기회다!

지역 스포츠 단체는 횡적 연결을 두텁게 할 수 있는 기회가 부족하다. 선수 간, 또는 선수와 전문가, 인플루언서가 교류하는 시스템도 그다지 찾아볼 수 없다. 스포츠 매장이 허브가 돼 그 역할을 한다면 지역 스포츠 애호가에게는 아직 보지 못한 동료와의 첫 만남이나 자신의 모티베이션 향상 등을 제공할 수 있고, 매장과 브랜드 측도 스포츠 진흥이나 팬 마케팅을 추진할 원동력이 될 수 있다.

최대 포인트는 나이키가 로컬 연결의 중요성을 찾아냈다는 점이다. 코로나로 인해 사람들의 관심이 거주지 인근 지역에 쏠리기 시작한 현상에 착안해 글로벌 대기업이 이를 활용한 마케팅 활로를 찾아낸 좋은 사례인 것이다. 나이키 같은 대기업이 글로벌 스포츠팀과 팬을 잇는 허브가 되면 유행이나 일시 감정에 좌우되지 않는, 브랜드와 거주자의 굳건한 관계성을 구축할 수 있다. 다른 업계에서도 대기업 브랜드가 경영하는 매장이 중심이 돼 스포츠에 국한하지 않고 로컬 허브를 담당하는 것은 효과적이라 여겨진다.

흑인 경영 레스토랑을 지원하는 앱 역시 다른 분야에서 응용이 가능하다. 일본에서도 여러 나라에서 건너온 사람들이 지원을 필요로 하고 있다. 특정 국가나 문화에 특화한 음식 배달 앱은 수요가 있을 것 같다.

블랙 앤 모바일은 다양한 굿즈가 나오는 등 그 자체가 브랜드로서 정착하고 있다.

TOPIC 09
사회적 거리두기 공원

BEFORE 공원은 공공 공간을 함께 즐긴다

AFTER 공원에서는 할당된 구역에서 지낸다

현상 **홍콩에서 시작된 프라이빗 공간**

공원은 누구나 쉽게 이용할 수 있는 공공 공간이다. 놀이를 할 수도 있고, 유유자적하게 거닐 수도 있다. 코로나로 일정 거리를 유지하며 안전하게 보내고 싶은 욕구가 커지면서 공원에도 변화의 바람이 불었다.

홍콩의 공원 '더 그라운즈'는 매일 밤 공원 내에 '프라이빗 공간' 100군데를 설치한다. 구분된 공간으로, 각 공간에는 테이블이나 의자, 램프가 마련돼 있다. 부지 내에는 대형스크린과 최신 음향 시스템으로 무장한 무대도 갖춰져 있다. 영화나 음악 등 엔터테인먼트를 즐기면서 근처 푸드홀에서 판매되는 다양한 요리, 간식, 음료 등도 맛볼 수 있다. 음식은 스마트폰으로 주문하면 점원이 가져다준다. 프라이빗 공간에서 벗어나지 않고 사회적 거리두기를 유지하면서 맘 편히 시간을 보낼 수 있는 것이다. 프라이빗 공간은 공식 홈페이지를 통해 사전 예약해야 이용할 수 있다.

분석 안심하고 공원 시설을 이용할 수 있는 시스템

공원 등 공공장소에서 가족이나 친구와 여유로운 시간을 보내고 싶지만 혼잡이나 타인과의 거리가 신경 쓰여 이용을 주저하는 사람들이 많다. 그런 사람들에게 즐거움과 안전을 동시에 제공한 시책이 프라이빗 공간 제공이다. 이용할 때는 사전등록과 건강 신고가 필요하다. 입구에서의 체온 체크, 마스크 착용, 스마트폰을 통한 주문·배달, 프라이빗 공간 간 1.5m 거리 유지 등 안전 확보를 위한 다양한 룰과 시스템이 도입돼 있다. 공공시설에서 안심하고 보낼 수 있는 점이 사람들의 마음을 사로잡아 이용이 확대됐다.

위기는 기회다!

일본의 히비야(日比谷)공원 등에서는 다양한 이벤트가 개최되고 있다. 하지만 홍콩처럼 상시 구분된 공간을 설치, 매일 밤 영화 등을 상영하고, 가족, 친구가 즐길 수 있는 공공 공간을 제공하는 곳은 그다지 찾아볼 수 없다. 옥외에 안전한 공간을 만들어 시민에게 개방하거나 요금을 받고 영화나 요리를 제공하는 시책은 코로나 상황에서 훌륭한 대처방안이라고 할 수 있을 것 같다. 코로나 수습 후에도 공원에 프라이빗 공간을 상시화해 매일 밤 이벤트를 개최하고 음식 스페이스로 활용하는 것은 새로운 공원 사용방식으로 유효할 것이다.

2022년에 6월에 개최된 히비야 음악제

TOPIC 10
뉴노멀 도시설계

BEFORE 모빌리티가 중심인 도시 구조

AFTER 사람을 중심으로 도시를 재구축

현상 도보 10분 이내에 공원이나 녹지를

코로나 감염 확산 방지 차원에서 집 주변에서의 생활이 일상이 되면서 시민들이 집 근처에서 필요한 것들에 쉽게 접근할 수 있는 환경을 갖추는 것이 중요 과제로 떠올랐다.

미국은 외출 자제로 인해 운동 부족이나 우울증이 문제가 되면서 모든 자국민이 도보 10분 이내 범위에서 안전하고 쾌적한 공원이나 녹지에 접근할 수 있도록 하는 계획을 세웠다. 비영리 단체 '더 트러스트 포 퍼블릭 랜드'의 '10분 걷기'다. 2050년까지 대도시든 중소도시든 미국의 모든 도시에 공원이나 녹지를 정비하거나 새로운 공원을 만드는 게 이 아이디어의 핵심 내용이다. 샌프란시스코에서는 이미 폐쇄된 골프장이 공공녹지로 재탄생했다. 사람들은 신설된 공원에서 거리를 유지하며 운동을 한다.

한편, 파리에서는 '15분 도시 계획'이 시행됐다. 코로나 바이러스로 인한 록다운으로 전 세계 도시나 지역에서 사람들의 활동 범위가 축소되면서, '자동차' 이동을 전제로 한 기존 도시 계획이 아니라 '사람'을 중심으로 한 새로운 도시 비전이 제기됐다. 이 비전의 콘셉트는 도시나 지역을 분할해 각 구역 안에서 '집에서 도보나 자전거로 15분 이내'에 일상의 모든 수요를 충족할 수 있도록 기능을 갖추는 것이다.

스웨덴에서는 한발 더 나아가 더욱 작은 단위의 '1분 도시 계획'이 추진됐다. 지역 주민들의 의견을 수렴해 정한 집 근처 차도를 다시 만드는 '스트리트 무브(Street Moves)' 프로젝트로, 집 앞 거리에 아이들 놀이터나 옥외 체육시설, 테이블, 벤치 등을 설치하는 것이 주 내용이다. 이렇게 만들어진 1분 거리들이 모여 동네의 소통에서 사회의 소통으로 확산되어 모든 도시에 적용하는 방안을 모색하고 있다.

분석 자동차 중심에서 사람 중심의 사회로

서구권은 그동안 자동차 이동을 전제로 도시 계획을 세웠다. 접근성보다 이동성을 우선적으로 고려해 도시 기능을 정비했다. 그러나 코로나19 사태로 인해 차량 이용이 어려워지면서 상황이 바뀌었다. 자동차를 이용하지 않더라도 사람이 살아갈 수 있도록 '사람 접근'을 중심으로 도시를 재구축하는 분위기가 새롭게 확산되었다.

> ## 위기는 기회다!
>
> 세계적으로 로컬 환경이나 기능을 재검토하는 움직임이 활발해지고 있다. 일본에서도 조만간 그런 생활이 시작될 가능성이 높다. 모든 사람이 다양한 도시 기능에 접근할 수 있는 환경을 갖추는 것이 클로즈업될 수밖에 없다. 앞으로는 도시 계획을 재검토하거나 새롭게 수립할 때 '사람의 접근'이라는 관점이 중요해진다. 사람 접근 개념을 도입한 스웨덴이나 파리, 바르셀로나의 정보 입수나 분석, 리포트를 토대로 한 지자체 컨설팅 등이 장래 유망한 비즈니스가 될 수 있다.

에필로그

미국·유럽 등지에서 퍼지고 있는 '보복 소비'
세 갈래로 나눠진 비즈니스의 장래

코로나 상황에서 일본이 '인내'라는 두 글자에 매달려 꾹 참고 견디는 사이에 세계 각국은 다양한 비즈니스에 도전했다. 이렇듯 일본이 뒤처질 수밖에 없는 상황에 대해서는 이미 앞에서 밝힌 바 있다. 다른 나라에서는 코로나 상황에서 어떤 비즈니스가 전개됐는지, 여기까지 지면을 할애해 소개했다.

아울러 일본은 백신 접종에서도 크게 뒤처져 있는 점도 주지의 사실이다. 이 에필로그를 집필하고 있는 2021년 6월 기준, 다수 국민이 백신 접종을 끝낸 미국이나 영국, 프랑스 등에서는 마스크 없이 레스토랑이나 카페에 모여 식사를 즐기면서 담소하는 영상이 뉴스에 나오고 있다. 이렇듯 코로나로 잃어버린 시간을 원래대로 되돌리려는 '보복 소비'가 백신 접종이 선행한 도시에서 나타나고 있다.

일본에서도 늦은 감은 있지만 백신 접종이 속도를 내고 있다. 대다수 국민이 백신을 접종해 집단면역이 생긴다면 일본에서도 보복 소비가 나타나 모든 분야의 마켓이 급속히 부활할 것이라는 예상은 어렵지 않게 할 수 있다. 서양 국가들에 비해 일본의 유효구인배율(有效求人倍率, 일자리를 찾는 구직자 1명에게 몇 건의 구인이 있는지 표시)은 크게 하락하지 않았다. 국민의 주머니 사정도 다른 나라보다 낫다. 이 때문에 보복 소비가 해외보다 더 두드러지고 크게 나타날 수도 있다.

그러나 그렇게 소비가 되살아날 때 주의하지 않으면 안 되는 점이 있다. 그것은 다름 아닌 애프터 코로나 시대에는 기업이나 비즈니스가 세 갈래로 나눠진다는 점이다.

하나는 코로나 전과 마찬가지로 영업을 하는 것으로, 그간 욕구를 참고 견뎠던 사람들이 몰려들며 이전의 활발함을 되찾는 케이스다. 종래 예약하기 어려웠던 노포(老舗) 음식점이나 인기가 높았던 테마파크 등이 좋은 예가 될 것이다.

코로나 사태에서 태어난 것들이 새로운 기준이 된다

또 하나는 코로나 상황에서도 뭔가 소비를 늘리려고 지혜를 모은 결과 태동한 상품이나 서비스가 그대로 기준이 되어 계속 판매되는 패턴이다. 예를 들면 '묻지 않는 립스틱'이 있겠다. 회식 등에서 마스크를 벗을 때도 립스틱이 마스크에 배어들지 않고 입술에 그대로 남아 있는 타입이 마스크 생활 속에서 큰 인기를 끌었다. 특히 젊은 여성들 사이에서는 색이 벗겨지지 않는 립스틱이 이미 당연시되고 일반화됐다. 그 기능이 없다면 사지 않으려 한다.

즉 업그레이드를 통해 일상이 된 편리함을 추구하는 소비자 심리는 코로나 사태가 끝나도 예전으로 되돌아가지 않을 것이다. 이런 흐름을 제대로 파악하지 못하고 애프터 코로나에서도 묻기 쉬운 립스틱을 판다면, 아무도 찾지 않는 비극만이 기다리고 있을 뿐이다.

한편, 이커머스도 코로나19 상황에서 완전히 정착했다. 달리 표현하자면 소매가 업그레이드됐다고도 할 수 있다. 이런 변화를 중요하게 보지 않는다면, 애프터 코로나 시대 소비 특수를 기대할 수 없다. 이를테면 백화점 화장품을 지금까지와 마찬가지로 고객이 오기만을 기다리는 대면 판매로 한다면 생각보다 고객이 늘지 않는 상황에 직면할지도 모른다. 이커머스의 편리함을 알게 된 소비자가 계속 온라인 중심으로 소비하고, EC 사이트에서 구입하거나 외출 자제 기간 중 SNS를 통해 알게 된 한국 화장품 구입이 고착화할 가능성도 있다.

외출 자제로 원거리 여행이 제한되고, 생활이 집 주변으로 한정된 가운데 실내복으로도 가까운 곳을 다니는 데도 이용할 수 있는 원 마일 웨어가 히트했다. 의류 브랜드 GU 등이 대대적으로 PR하면서 인기를 얻었다. 편안하고 좋은 착용감은 애프터 코로나에서도 소비자들의 마음을 사로잡을 것이다. 원 마일 웨어는 유행에 좌우되지 않고 안정된 매상을 유지하는 베스트셀러 상품이 될 가능성이 충분히 있다.

다른 업계에서도 이번 코로나 상황에서 업그레이드된 상품이나 서비스가 많다. 그 가운데 소비자 심리를 고려했을 때 어떤 것이 남고, 어떤 것이 사라질지 신중하게 음미할 필요가 있다.

소비자 심리 변화를 가볍게 봐서는 안 된다

그리고 마지막 패턴은 소비가 되살아나도 부활하지 않고 그대로 사라져 버리는 비즈니스다. 상품뿐 아니라 음식점이나 소매점, 엔터테인먼트 등에서도 코로나19 전에는 문제없이 모객을 할 수 있었는데, 애프터 코로나에서는 고객이 돌아오지 않아 침몰의 쓰라림을 당하는 케이스다. 필자는 이 케이스가 상당히 많아질 것이라고 본다. 왜냐하면 코로나19로 1년 반 이상에 걸쳐 지금까지와는 전혀 다른 불규칙적인 생활을 하게 되면서 소비자 심리가 이전과는 다른 형태로 크게 변해 버렸기 때문이다.

일례를 들자면 앞서 4부에서 다뤘듯, 사치의 개념이 바뀐 것이다. 지금껏 대부분의 사람들이 생각하는 사치는 고액에 화려하고 특별한 상품을 구입하거나 서비스를 받는 것이었다.

하지만 코로나로 사람들의 사고방식은 극적으로 바뀌었다. 가족이나 친구와 보내거나 무언가를 함께 만들거나 기르거나 하는 '시간'이야말로 진정한 사치라고 여기게 됐다. '자신만을 위해 주문 제작된 상품이나 서비스'야말로 프리미엄 가치라고 생

각하게 된 것이다. 다시 말해 사치의 개념이 '고액 상품이나 서
비스'에서 '시간'이나 '퍼스널라이즈(personalize, 개인 맞춤형)'로 옮
겨간 셈이다.

이들 사례만 봐도 코로나 전과 마찬가지로 단순히 비싸기만
하고 화려하고 사치스런 것을 제안하는 비즈니스는 요식업이든
서비스업이든 모든 분야에서 사람들의 지지를 받는 게 어려울
수 있다는 점을 짐작할 수 있을 것이다. 필자는 실제 그러한 케
이스가 증가할 것이라고 보고 있다. 이번 코로나19로 인한 1년
반에 걸친 소비자 변화를 '대수롭지 않다. 어차피 원래대로 돌아
갈 것이다'는 식으로 가볍게 여긴다면 예상치 않은 손실을 입게
될 것이다.

'젊은 층', '글로벌'의 시점으로 해외 사례를 국내에 맞게 재창조

그럼 어떻게 하면 좋을까. 그에 대한 대답이 바로 이 책에서
소개한 해외 사례다. 코로나로 '진화' 비즈니스를 모은 69개의 사
례를 자세히 재검토해, 애프터 코로나의 소비자 심리와 자신의
회사나 비즈니스 상황을 매치해 가면서 참고가 되는 것을 취사
선택하면 된다. 당연한 말이지만, 해외 사례를 그대로 국내에 전
개해서는 아무런 소용이 없다. 해외 사례를 오랫동안 쌓아온 경
험이나 스킬을 총동원해 국내 마케팅이나 소비자에게 맞게끔 각

색해서 전개해야 한다는 점은 말할 필요도 없다.

다만 여기에서 어려운 점은 애프터 코로나의 소비자 심리를 어떻게 해석할지이다. 프롤로그에서도 말했고 본문에서도 여러 차례 지적했지만 필자가 생각하는 최선의 방책은 '청년'과 '글로벌'의 시점을 갖는 것이라고 생각한다. 지금까지의 역사가 말하듯, 글로벌로 일어났던 소비자 마인드의 변화는 곧 일본에도 파급해 정착할 가능성이 높다. SNS 등에서 그런 해외 변화를 빨리 파악해 얼리어댑터로서 국내에 확산시켜 나가는 것이 청년들의 특징이기 때문이다.

만약 영어 등 외국어에 능통해 글로벌 동향을 좇아갈 수 있다면 계속 관찰을 하자. 그런 스킬이 없더라도 청년들 사이에서 유행하고 있는 상품이나 서비스, 사고 방식, 놀이 방식을 주의 깊게 파악하면서 유행의 이유나 그들이 어떤 생각을 하고 있는지를 면밀히 분석하는 습관을 들이면 애프터 코로나의 소비자 심리 경향을 반드시 파악하게 될 것이다.

아울러 백신 접종이 선행한 해외 선진국에서는 애프터 코로나의 새로운 비즈니스도 잇따라 시작될 것이다. 그런 해외 정보를 남보다 앞장서서 먼저 입수해 이 책에서 든 사례에 더하거나 업데이트하는 사고력이 지극히 중요하다. 이 책을 통해 독자 여러분이 글로벌 트렌드나 비즈니스에 안테나를 세우는 의식이 습관화되고, 그에 힘입어 자사 비즈니스를 재검토하고 진화시켜 미래 가능성을 확대해가는 호순환이 형성되기를 간절히 바란다.

참고 홈페이지

프롤로그
- https://www.tenace.co.jp/

1부 거리를 초월하다
01 VR 온라인 회의
- https://www.engadget.com/facebook-infinite-office-181634992.html
- https://meetinvr.atlassian.net/servicedesk/customer/portal/2/topic/e62e0f02-0d94-4e5e-88c7-cb0523b688b9/article/571604999
- https://www.oculus.com/
02 새로운 온라인 미팅 서비스
- https://zoomer.love/
- https://hinge.co/
- https://quarantinechat.com/
- https://dialup.com/
03 가상의 관혼상제
- https://eternify.es/
04 참가 선택형 온라인 회식
- https://sensortower.com/ios/gb/life-on-air-inc/app/houseparty/1065781769/overview?locale=ja
05 디지털 교과서
- https://www.namibox.com/
- https://www.chandashi.com/
06 스마트 거울 체육관
- https://www.mirror.co/
- https://shop.lululemon.com/story/mirror-home-gym
- https://www.onepeloton.com/
- https://smartmirror.geeklabs.co.jp/#smartmirror
07 화면 속 여행
- https://www.longleat.co.uk/news/longleat-virtual-safari-series
- https://www.thailandtravel.or.jp/3d-virtual-2/
- https://www.tourismthailand.org/Articles/virtual-tours
08 온라인 진료
- https://www.alodokter.com/jangan-termakan-isu-ini-fakta-penting-vaksincovid-19
- https://careclix.com/

2부 새로운 쇼핑 체험
01 비접촉 서비스
- https://weibo.com/p/1006067441046380/home?is_all=1#_loginLayer_1611909654561
- https://www.kroger.com/
- https://www.caper.ai/
- https://www.kroger.com/i/ways-to-shop/krogo
- https://ubamarket.com/
02 무인 배달
- https://wing.com/how-it-works/
- https://blog.wing.com/2020/12/hindsight-is-2020-five-lessons-from.html
03 새로운 직판 시스템
- https://www.freshhema.com/

5부 시대를 개척하는 데이터 활용

01 감염 방지 테크놀로지
- https://mp.weixin.qq.com/s/WwQw4KX1F_pMhyrJb6RNJA

02 실시간 혼잡 정보
- https://covid19.unerry.jp/

03 디지털 배급제
- https://signal.diamond.jp/articles/-/292

04 가짜 뉴스와의 싸움
- https://covidtracker.5lab.co/
- https://www.bangkokpost.com/thailand/general/1878415/local-online-virustracker-a-big-hit
- https://covid19.workpointnews.com/

6부 기업 활동을 업그레이드

01 긴급 사회 공헌
- https://melitta-group.com/en/Melitta-starts-production-of-millions-of-facemasks-3661.html

03 클릭 & 컬렉트
- https://www.statista.com/statistics/1132001/cli=ck-and-collect-retail-salesus/

04 기부 운영
- https://www.elmwoodparkzoo.org/giraffeathon/
- https://www.facebook.com/EPZoo/

05 사원 공유
- https://bae.dentsutec.co.jp/articles/lifestyle-china/
- https://www.jk.cn/hl/detail/6370852

06 배달 혁명
- https://www.brandbuffet.in.th/2020/06/grab-loves-thais-project/
- https://www.bangkokpost.com/business/1939304/grab-helpsfruit-farmers#:~:text=Grab%20Thailand%2C%20the%20local%20unit,marketing%20head%20of%20Grab%20Thailand.
- https://www.thansettakij.com/content/tech/439317

7부 지역 발전의 기회

01 이웃 자원봉사
- https://www.independentliving.co.uk/advice/covid-19-mutual-aid-uk/

03 로컬 전자 상거래
- https://www.slowshoppingspain.com/

04 야채 정기구매
- https://communitysupportedagriculture.org.uk/what-is-csa/types-of-csa/
- https://www.localharvest.org/csa/
- https://www.7x7.com/csa-box-deliveries-san-francisco-bayarea-2645896933/kendall-jackson-wine-estate-and-gardens

05 장보기 소스페소
- https://es-la.facebook.com/NewNormalPostCovid19/posts/128669132153175/
- https://www.coldiretti.it/

06 곰인형 교류
- https://www.yahoo.com/lifestyle/neighborhood-bear-hunts-occupykids-085822811.html

07 새로운 야간 플랜
- https://www.alibaba.co.jp/service/fliggy/

08 지역 공헌 매장
- https://news.nike.com/news/nike-rise-retail-concept
- https://www.blackandmobile.com/

10 뉴노멀 도시설계
- https://www.tpl.org/10minutewalk

비욘드 코로나, 뉴비즈니스 생존 전략

1판 1쇄 발행 2022년 9월 5일

글쓴이	하라다 요헤이, 고이와이 요시오
옮긴이	김승훈

편집	이용혁
디자인	성영신
펴낸이	이경민
펴낸곳	㈜동아엠앤비
출판등록	2014년 3월 28일(제25100-2014-000025호)
주소	(03737) 서울특별시 서대문구 충정로 35-17, 인촌빌딩 1층
홈페이지	www.dongamnb.com
전화	(편집) 02-392-6903 (마케팅) 02-392-6900
팩스	02-392-6902
전자우편	damnb0401@naver.com
SNS	🅵 🅾 blog

ISBN 979-11-6363-584-0(03320)